Thomas Rappold

SILICON VALLEY INVESTING

Thomas Rappold

SILICON VALLEY
INVESTING

2. komplett
überarbeitete
Auflage mit vielen
Tipps & Tricks eines
Profi-Investors

Investieren in die Superstars
von heute, morgen und übermorgen

FBV

Bibliografische Information der Deutschen Nationalbibliothek
Die Deutsche Nationalbibliothek verzeichnet diese Publikation in der Deutschen Nationalbibliografie;
detaillierte bibliografische Daten sind im Internet über **http://d-nb.de** abrufbar.

Für Fragen und Anregungen:
info@finanzbuchverlag.de

2. Auflage 2016

© 2015 by FinanzBuch Verlag
ein Imprint der Münchner Verlagsgruppe GmbH
Nymphenburger Straße 86
D-80636 München
Tel.: 089 651285-0
Fax: 089 652096

Lektorat: Bärbel Knill
Korrektorat: Sonja Rose
Umschlaggestaltung: Melanie Melzer
Umschlagabbildung: Unter Verwendung von iStock-Bildern, Shutterstock/DenisNata
Satz: FotoSatz Pfeifer GmbH, Gräfelfing
Druck: GGP Media GmbH, Pößneck
Printed in Germany

ISBN Print 978-3-89879-897-6
ISBN E-Book (PDF) 978-3-86248-701-1
ISBN E-Book (EPUB, Mobi) 978-3-86248-702-8

Weitere Informationen zum Verlag finden Sie unter
www.finanzbuchverlag.de

Inhalt

Einleitung

Alphabet ist zwölf Jahre nach dem Börsengang (IPO) 14-mal wertvoller geworden und hat nicht nur Risikokapitalinvestoren (Venture Capital), sondern auch Anleger reich gemacht, die frühzeitig auf den wirtschaftlichen Erfolg von Google gesetzt haben. Google war der Eisbrecher für zahlreiche weitere erfolgreiche Unternehmensgründungen und spätere Börsengänge. Der Hype um Social Networks unter dem Oberbegriff Web 2.0 hat Unternehmen wie Facebook, Twitter und LinkedIn kommerziellen Erfolg beschert und Investoren erneut reich gemacht.

Mit dem iPhone von Apple und dem Android-Betriebssystem von Google erreicht die Kombination aus Sozialen Netzwerken und Mobilität eine explosionsartige Verbreitung von neuen Anwendungen, die innerhalb kürzester Zeit zu phänomenalen Unternehmenswerten führt. Spätestens durch den 19-Milliarden-Dollar-Kauf von dem Unternehmen WhatsApp durch Facebook wurde dies erneut eindringlich manifestiert, obwohl WhatsApp praktisch noch keine Einnahmen bzw. »Monetarisierung« vorweisen kann. Apple und Google selbst gehören zu den Top Fünf der teuersten Unternehmen der Welt.

Sind diese zum Teil aberwitzigen Unternehmenswerte reine Spekulation, also eine ungewisse Wette auf die Zukunft, oder bewegen wir uns in eine voll digitale Welt, die vom Erfinder des ersten Internet-Browsers Netscape (1995) und erfolgreichen Risikokapitalinvestors (Venture Capitalist) Marc Andreessen in einem Manifest für das *Wall Street Journal* (2011) als »Software is eating the World« beschrieben wird?

Begriffe wie BigData, CloudComputing, Mobile Apps, Internet of Things, selbstfahrende Autos, digitale Assistenten wie Siri von Apple oder Google Now sind längst keine reinen »Buzz-Words« mehr, sondern konkrete Bausteine, auf denen sich ein komplett digitales Wirtschaften und Leben aufbaut. Die digitale Verschmelzung und Beschleunigung erreicht eine Dimension und Alltagsdurchdringung, die das Silicon Valley und deren Unternehmen erneut in das Blickfeld der Kapitalmärkte und Anleger bringt. Nach der ersten Euphoriewelle für Internetaktien, die von Mitte der 1990er-Jahre bis kurz nach der Jahrtausendwende dauerte und im Jahr 2003 in einem heftigen Crash endete, bahnt sich nun erneut eine optimistische und zum Teil euphorische Stimmung gegenüber Technologieunternehmen an. Ist diesmal alles anders oder wiederholt sich die Geschichte?

Das vorliegende Buch will Antworten auf diese Frage finden, die unterschiedlichen Anlegerinteressen gerecht wird. Im Gegensatz von vor zehn oder 15 Jahren gehen Unternehmen aufgrund regulatorischer Bestimmungen viel später und damit »reifer« an die Börse. Facebook ist ein gutes Beispiel dafür. Das Unternehmen erzielte die höchsten Wertsteigerungen für einen kleinen Kreis von Risikokapitalinvestoren bereits vor dem Börsengang. Privatanleger blieben dabei außen vor. Bei heutigen Börsengängen können Privatanleger dementsprechend erst in viel späteren Phasen von erfolgreichen Technologieunternehmen profitieren.

Der Anspruch des Buches ist deshalb, Unternehmen bereits in frühen Phasen vorzustellen und neue, innovative Investmentwege außerhalb der Börse aufzuzeigen. Das Silicon Valley als Nährboden für junge Internetunternehmen und neue Internetinvestmentdienste bieten eine hervorragende Grundlage für die Entdeckungsreise in eine neue Investmentwelt, die vielen europäischen und deutschen Anlegern bisher verschlossen ist.

Als erfolgreicher Internetunternehmer und Investor im Silicon Valley (z.B. Arista, box, Evernote u.a.) kann ich aus erster Hand von eigenen Erfahrungen berichten und verfüge sowohl über die technische als auch finanzwirtschaftliche Expertise.

Das Buch ist ein »Must-have« für alle technologieinteressierten Investoren oder die, die es in Zukunft gerne werden wollen. Mehr und Aktuelles zum Thema Silicon Valley Investing finden Sie unter www.silicon-valley.de.

Thomas Rappold

Vorwort von Andreas Bechtolsheim

Ich bin als Informatikstudent 1975 in die USA gegangen, 1977 ins Silicon Valley gezogen und habe an die Stanford University gewechselt. Seitdem lebe ich hier. Für Außenstehende ist es manchmal schwer zu verstehen, was den anhaltenden Innovationswettlauf hier seit 40 Jahren antreibt. Ein Innovationswettlauf, der zahllose neue Technologien und Produkte hervorgebracht hat und die Welt, in der wir leben, sowie die Art, wie wir arbeiten und unsere Freizeit gestalten, mehr als jemals zuvor verändert hat.

Dieses Buch liefert eine exzellente Zusammenfassung der Geschichte, der Umwelt, der Persönlichkeiten und Firmen, die die Quelle der Innovation darstellen, für die das Silicon Valley bekannt ist.

Es ist schwer zu glauben, dass der Begriff »Silicon Valley« erst 1971 geprägt wurde, dem Jahr, in dem Intel den ersten Mikroprozessor erfunden hat und Dr. Moore, einer der Gründer von Intel, die gewagte Vorhersage gemacht hat, dass integrierte Siliziumchips alle zwei Jahre bei gleichen Kosten die doppelte Anzahl Transistoren haben würden – eine Vorhersage, die seither mit der Präzision eines Uhrwerks eingetreten ist.

Die Fortschritte in der Mikroprozessortechnologie und der weiteren Integration auf Chipebene führten zu entsprechenden Fortschritten auf der Systemebene, mit der Folge, dass sich vollständig neue Industriezweige entwickelten. Der Personal Computer und neue leistungsfähige Workstations wurden die Werkzeuge schlechthin, welche die Art, wie Menschen arbeiten und neue Inhalte, Chips und Designs generierten, veränderten. In einem weiteren Schritt wurden Personal Computer mit Workstations zunächst in lokalen Netzen und schließlich mit dem Internet über die ganze Welt vernetzt. Seit dieser Zeit ist die Welt nicht mehr die, die sie einmal war.

Die grundlegenden Technologien wurden bereits in den 70er- und 80er-Jahren des letzten Jahrhunderts entwickelt. Aber erst das Aufkommen des weltweiten Internets, der Browser, der Suchmaschinen, der sozialen Netzwerke, des Onlinehandels und der Onlineunterhaltung in den 90er-Jahren sowie die Verbreitung der Smartphones in den vergangenen zehn Jahren hat die weltweite Informationsgesellschaft geschaffen, in der alles, was wir wollen, nur einen Fingerzeig entfernt ist und dies alles für selbstverständlich gehalten wird.

Es gibt bei all diesen Innovationen eine Gemeinsamkeit, die auffällt: Nahezu alle wurden von Start-ups im Silicon Valley erfunden.

Wenn die Geschichtsbücher über diese Zeit geschrieben werden, ist die Frage, die sich die Leute stellen werden: Wie war es möglich, dass eine Vielzahl von Start-ups, die alle auf diesem kleinen Fleckchen Erde gegründet wurden, so viele Innovationen erschaffen haben? Was ist das Besondere an Silicon Valley, das diese Innovationen gerade hier möglich macht und nicht irgendwo anders?

Und das genau ist es, worum es in diesem Buch geht. Ich möchte hier drei Dinge über das Silicon Valley hervorheben.

Erstens ist Silicon Valley eine einzigartige Gegend. Die Kombination von großartigen Universitäten, mediterranem Klima und einer Historie mit zahllosen Erfindungen hat Generationen von intelligenten Leuten von überall auf der Welt angezogen. Einmal angekommen, bleiben sie in der Regel für immer.

Zweitens: absolute Fokussierung auf die Arbeit. Es ist sehr schwer, eine neue Firma zu gründen und diese erfolgreich zu machen. Aber was hier sehr gut verstanden wird, ist der unglaubliche Vorteil einer neuen Firma, sich vollständig auf die Erfindung neuer Produkte zu konzentrieren, ohne dabei vom Ballast eines etablierten Unternehmens gestört zu werden.

Der dritte Faktor ist natürlich das Risikokapital. Niemand kann ohne Kapital ein neues Unternehmen gründen. Die moderne Form des Risikokapitals wurde im Silicon Valley erfunden, die meisten der bekannten

Risikokapitalgeber sind hier vor Ort und finanzieren mehr Gründungen als irgendwo sonst auf der Welt.

Das Ergebnis ist eine Welle neuer Technologien und innovativer Produkte, begleitet von einer Welle neuen Wohlstands, wie man es noch nie zuvor in der Geschichte der Menschheit erlebt hat. Falls es jemals ein Gelobtes Land der Innovationen gegeben hat, dann ist es das Silicon Valley. Jedem, der Teil hiervon sein möchte, empfehle ich ins Silicon Valley zu kommen und ein Teil dieser Erfolgsgeschichte zu werden.

März 2015, Stanford, Kalifornien

Andreas Bechtolsheim

1. SILICON-VALLEY-ÖKOSYSTEM

1.1 Die Kultur im Silicon Valley – Think different!

»Think different« – »Denke das Andere« war die extrem erfolgreiche Werbekampagne von Apple nach der Rückkehr von Steve Jobs zu Apple 1997. Jobs positionierte Apple als ein Produkt der »Rebellen, Idealisten, Visionäre, Querdenker, derer, die sich in kein Schema pressen lassen, derer, die Dinge anders sehen, sich keinen Regeln beugen.« Die Aufzählung liest sich wie eine Stellenbeschreibung des Silicon Valley!

Nirgendwo sonst auf der Welt gibt es einen vergleichbaren, geradezu magischen Ort, an dem Unmögliches möglich wird. Der Autor selbst erlebt das Silicon Valley regelmäßig als inspirierenden Ort, an dem man durch die sich ausbreitende positive Grundstimmung und sprießende Kreativität förmlich über das Wasser zu gehen imstande ist.

Die Buchautorin Deborah Piscione beschreibt in ihrem Bestseller *Secrets of Silicon Valley* die ehrliche Offenheit und Gesprächsbereitschaft im Silicon Valley. Eigentlich kommt man überall miteinander ins Gespräch und ist sofort »connected«. Es ist ein Ort, an dem die weltweit besten Visionäre, Innovatoren, Venture Capitalist, Akademiker, Anwälte und Wirtschaftsprüfer sich die Klinke in die Hand geben.[1]

Schnell gewöhnt man sich zum einen an die hohe Sprechgeschwindigkeit, bei der jedes zweite Wort im Stil unterdrückt wird, zum anderen an das spezielle Vokabular, geprägt durch die Melange an Begriffen der Venture Capitalists und Techniker wie »term sheet« (Vertragsvorschlag), »business model« (Geschäftsmodell), »monetization« (Monetarisierung), »b2b« (Internet für Geschäftskunden), »b2c« (Internet für Privatkunden), »API« (Programmierschnittstelle).

Marc Andreessen, der Erfinder des Internet Browsers und heute einer der renommiertesten Venture-Capital-Unternehmer im Valley, beschreibt in einem TV-Interview mit Charlie Rose Silicon Valley als »Innovation Town« wie folgt:

»Unsere Kerntheorie, der wir folgen, ist, dass der wesentliche Output einer Technologiefirma Innovation ist, und das unterscheidet sich stark von vielen anderen Branchen, richtig? Der wesentliche Output einer Automobilfirma sind Autos. Der fundamentale Output einer Bank sind Kredite ... Die Herausforderung, welcher Technologiefirmen unterliegen, ist die Tatsache, dass sie sich mit ihren aktuellen Produkten nicht auf ihren Lorbeeren ausruhen können. Sie müssen immer in Zeiträumen der nächsten fünf Jahre denken, was als Nächstes kommen wird. Sind sie darin gut und verfügen über eine interne Innovationsmaschine, werden sie sich über die Zeit sehr gut entwickeln.«

Das Silicon Valley umfasst die nördliche Kapitale San Francisco, die großstädtisches Flair bietet, bis in das circa 70 km entfernte San Jose im Süden.

Der Name »Silicon Valley« setzt sich zusammen aus »Silicon«, welches auf die in den 1970er-Jahren dominierende Silizium-Chip-Produktion zurückgeht. »Valley« steht für das Santa Clara Valley, welches südlich von San Francisco liegt. Der zusammenhängende Begriff »Silicon Valley« wurde von dem Journalisten Don Hoefler im Rahmen einer Artikelserie über die Chipindustrie in dem Elektronik-Wochenblatt *Electronic News* erstmals am 11. Januar 1971 erwähnt.[2]

Ist Washington die Hauptstadt der Weltpolitik, dann ist das Silicon Valley der Hauptsitz der Hightech-Industrie. Das Silicon Valley beheimatet auf einem Radius einiger Dutzend Kilometer Tech-Schwergewichte des S&P 500 wie Adobe, Agilent, Altera, Apple, Applied Materials, Avago, Charles Schwab, eBay, Electronic Arts, Facebook, Google, Hewlett-Packard, Intel, Intuit, Juniper Networks, Nvidia, Oracle, Qualcomm, Salesforce.com, SanDisk, Symantec.

Das Silicon Valley ist kein dumpfer Ort des Geldverdienens nur des Geldes wegen. Auch hier ist das Silicon Valley »different« zu anderen

Wirtschaftsmetropolen. Drei Manifeste oder Grundgesetze des Silicon Valley, dreier prägender Gestalten unterschiedlicher Technologie- und Zeitphasen bilden das intellektuelle Rückgrat des Silicon Valley und sind deren Treiber:

Moores Law – Gordon Moore, Erfinder Mikroprozessor und Mitgründer Intel

Das erste Manifest geht auf den Gründer von Intel, Gordon Moore, zurück. »Moores Law« besagt, dass sich die Rechenleistung auf Mikroprozessoren, dem Herzstück von Smartphones, Tablets und Computern, alle 24 Monate verdoppelt.

Stay Hungry, Stay Foolish (bleib hungrig und verrückt) – Steve Jobs, Macintosh, iPod, iPhone, ipad, Mitgründer Apple

Der berühmte Ausspruch von Steve Jobs, den er im Rahmen einer Absolventenrede an der Stanford University aus dem Jahr 2005 tätigte, geht auf das im Valley bekannte Buch »Whole Earth Catalogue« von Stewart Brand, 1974 zurück. Der Katalog war ein gedrucktes Google und die Bibel der Hippie-Zeit. Das rückwärtige Cover der 1974er-Ausgabe schloss mit den Worten: »Stay hungry. Stay foolish.« Jobs führte in seiner Rede aus, immer offen und neugierig für Neues zu sein, gleichzeitig fokussiert auf sein Tun. Jeder sollte das zu seinem Beruf machen, worin er seine eigene Passion findet.

Software is eating the world – Marc Andreessen, Erfinder Web-Browser, Mitgründer Netscape

Das dritte bedeutende Manifest *Software is Eating the World* geht auf Marc Andreessen, den Erfinder des ersten Webbrowsers, Gründer von Netscape und heute einflussreicher Risikokapitalinvestor bei Andreessen und Horowitz zurück. Andreessen legt in seinem Essay eindrucksvoll dar, wie sämtliche Branchen zukünftig durch den Einsatz von Software grundsätzlich neu aufgestellt werden, sich in rapider Geschwindigkeit neue Unternehmen auftun und bestehende marginalisiert werden. Bestes Beispiel ist die Software-Dominanz im Mobilfunksektor durch Google und Apple, während der frühere Dominator Nokia keine Bedeutung mehr hat.[3]

Es liegt also etwas Spezielles in der Atmosphäre zwischen der Stanford Universität in Palo Alto, Google in Mountain View und Apple in Cupertino. Eine Atmosphäre, die zu Höchstleistung und hohem Risiko inspiriert und unermüdlich antreibt.

1.2   Risiko als Chance

Der amerikanische Traum lebt! Steve Jobs, Bill Gates und Mark Zuckerberg sind drei leuchtende Beispiele von Studienabbrechern (Drop-out) die jeweils zu Multi-Milliardären und Unternehmensführern von Tech-Ikonen wie Apple, Microsoft und Facebook wurden. Unternehmertum und Erfindergeist kann man nicht an der Universität streng nach Lehrplänen unterrichten. Peter Thiel, Mitgründer von Paypal und erster Venture-Capital-Investor in Facebook, ist einer der prominentesten Protagonisten des »Drop-Out«-Ansatzes. Er kann dies eindrucksvoll belegen: Aus seinem $500 000 Investment in den Studienabbrecher Mark Zuckerberg wurde eine Milliarde Dollar.

Peter Thiel stellt mit seinem Programm »20 under 20« Gründern zwischen 18 und 20 jeweils $100 000 für die Gründung ihres Unternehmens zur Verfügung – einzige Voraussetzung: Sie müssen ihr Studium abbrechen. Thiel polarisiert und wurde von dem früheren Harvard-Dekan und Bill-Clinton-Berater Larry Summers in der Hightech-Postille *TechCrunch* scharf angegriffen. Thiels Programm sei das »am meisten fehlgeleitete gemeinnützige Projekt des Jahrzehnts«.[4] Viele begabte und hungrige Programmierer und Internet-Freaks – in der Fachsprache Nerds genannt – sehen genau darin ihre Zukunftsperspektive. Gefrustet von bürokratischen Strukturen in Großunternehmen, mangelnden Aufstiegschancen und Ideenstau ist das Gründen eines Start-ups genau der richtige Weg, um seine Ideen umzusetzen. Wer ins Silicon Valley kommt, weiß, dass man für seine Idee, sein Produkt »brennen« muss. Ähnlich wie zu den Goldgräberzeiten im 19. Jahrhundert suchen junge Amerikaner, aber vermehrt auch Europäer und Asiaten, ihr Glück in Kalifornien und unterliegen der magischen Anziehungskraft des Silicon Valley.

Der ideale Gründer ist nach Aussage von Paul Graham, Gründer des renommiertesten Start-up-Inkubators Y Combinator, Mitte 20, ungebunden, ohne Familie und bereit, alles seiner Idee unterzuordnen. Seiner Meinung nach war es kein »Unfall« (Graham Hackers & Painters S. 53), dass das Silicon Valley nicht in Frankreich, Deutschland, England oder Japan beheimatet ist, weil in diesen Ländern die Leute nur innerhalb festgefahrener Bahnen denken und sich nicht trauen, über die Grenzen hinauszugehen.[5]

Die Amerikaner sprechen von »Risk Taking«, also das Risiko auf sich zu nehmen. Dies ist in den USA positiv belegt – im Gegensatz zu Deutschland und Europa, wo Risiko Angst macht und man Risiken vermeiden oder eliminieren möchte.

Um Start-ups hochzuziehen und daraus erfolgreiche Unternehmen zu machen braucht es zwei Sorten von »Risk Takern«. Zum einen den unerschrockenen Gründer mit einer genialen Idee und zum anderen den genauso unerschrockenen Investor, der bereit ist, das Wagnis – Venture – zu finanzieren. Eine weitere wichtige Voraussetzung ist der gesellschaftliche Umgang mit Erfolg und Misserfolg. Eine Insolvenz in Deutschland bedeutet einen Malus im Lebenslauf, in den USA ist dies ein Indikator für einen positiven Lernerfolg und Basis für eine zweite Chance.

Für die Amerikaner ist auch der wirtschaftliche Erfolg und damit »Kasse machen« positiv belegt. Für Paul Graham ist ein Start-up wirtschaftlich gesehen »... ein Weg schneller zu arbeiten und statt Vermögen langsam durch das Ansparen aus einem regelmäßigen Einkommen über 50 Jahre aufzubauen, dies innert kürzester Zeit zu erreichen. «[5]

Zwei Beispiele, die das »Risk Taking« eindrucksvoll aus den Perspektiven der Gründer und Investoren zeigen:

Twitter

Der Kurznachrichtendienst Twitter entstand als Nebenprojekt in einem Start-up namens Odeo. Odeo war eine Podcasting-Plattform. Nachdem Apple iTunes Podcasting veröffentlicht hatte, wurde die Podcasting Plattform von Odeo irrelevant. Das Management von Odeo überlegte, die komplette Unternehmung zu schließen und den Investoren das restliche Geld zurückzuzahlen.

Der Odeo-Investor und CEO Evan Williams (Ex-Googler) schrieb deshalb an die Investoren einen Brief, in dem er darauf hinwies, dass das Twitter-Projekt eines der Assets von Odeo ist, die einen Wert darstellen würden, und in die er weiter investieren werde. Gleichzeitig bot er den Aktionären an, sämtliche Odeo-Anteile zurückzukaufen. Im Gespräch waren wohl circa fünf Millionen. Daraufhin gründete er eine neue Unternehmung mit dem Kerngeschäft von Twitter. Als im Frühjahr 2007 Twitter die unter Nerds und Hacker bekannte SXSW (South By Southwest)-Interactive-Konferenz übertragen durfte, wurde Twitter schlagartig weltweit populär.[6]

In der Silicon-Valley-Sprache spricht man im Fall Twitter von einem »Pivot«, d.h. der Geschäftszweck des Unternehmens dreht sich um 180 Grad – und dies bei hoher Business-Geschwindigkeit. In Deutschland würden schweißgebadete Investoren sagen, »noch mal gut gegangen, nur die Hälfte des Einsatzes verloren«, im Valley dagegen wird die Geldrückgabe als Beleidigung empfunden. Ron Conway, der bekannteste Angel-Investor im Silicon Valley, betont, dass ein Angel so reich sein muss, dass ein Totalverlust in einem Venture ihm in keiner Sekunde wehtun darf.

Aus der Sicht des Twitter-Mitgründers Biz Stone ist der Geschäftszweck von Twitter sehr simpel: »Leuten zu helfen, eine große Öffentlichkeit zu erreichen«. Stone weist darauf hin, dass bei ihnen zuerst das Produkt kam, bevor es einen Business Plan gab. Stone, der ursprünglich in einem Apartment in San Francisco auf dem Fußboden ohne Bett schlief, ist durch den Twitter-Börsengang zum Milliardär aufgestiegen. Was nach außen hin wie eine geradlinige Erfolgsstory aussieht, war seiner Meinung nach ein Produkt von »Timing, Ausdauer und harter Arbeit«. Die wirtschaftliche Wette auf Twitter ist noch offen – die Profitabilität lässt einstweilen auf sich warten.[7]

Tesla

Die bisherige Geschichte von Tesla Motors, dem aktuell weltweit erfolgreichsten Hersteller von Elektroautos, erinnert stark an die des Namensgebers, dem genialen wie exzentrischen Erfinder, Physiker und Elektroingenieur Nikola Tesla. Der im heutigen Kroatien 1856 Geborene erfand nicht nur das für die weltweite Stromversorgung elementare Wechselstromnetz, er schuf ebenso das erste große Wasserkraftwerk an den Niagarafällen und wichtige Grundlagen für die Radiotechnik. Trotz seiner technischen Brillanz war es Tesla nicht vergönnt, einen wirtschaftlichen Erfolg aus seinen Erfindungen zu ziehen, im Gegensatz zu Edison, der mit General Electric reich wurde. Tesla starb zurückgezogen mit 86 Jahren in einem New Yorker Hotel.

Elon Musk, CEO von Tesla Motors, steht in seiner Exzentrik Nikola Tesla nicht nach. Doch im Gegensatz zu Tesla hat Musk, zumindest bis jetzt, wirtschaftlichen Erfolg. Musk gilt als Multitasking-Genie des Silicon Valley und dies mit gerade knapp über 40 Jahren. Musk gehörte zu den Mitgründern von PayPal, dem digitalen Bezahldienst und zur »PayPal-Mafia«, die das Wirtschaftsmagazin Forbes im Jahr 2007 porträtierte. Mit dem Verkauf von PayPal an eBay wurde Musk zum Multimillionär, doch das war ihm nicht genug.[8]

Elon Musk führt parallel drei Unternehmen, den Elektrobauer Tesla, das Raumfahrtunternehmen SpaceX und den Solarausrüster SolarCity. Musk denkt visionär, geht riskante Zukunftswetten ein und liefert. Im Jahr 2003 kauft er sich in das Elektroauto-Start-up Tesla mit eigenem Geld (aus dem PayPal-Verkauf) ein. Sein Plan: Ein Sport-Roadster mit Elektroantrieb. Nicht nur technisch ein verrücktes Unterfangen, sondern auch ein radikal anderes Fahrerlebnis. Kaufen und lieben die Sportwagenfahrer ihre hochgezüchteten Porsches und Ferraris doch gerade wegen dem unwiderstehlichen Motorensound.

Musk verbrennt mit Tesla zunächst viel Geld. Dazu kommt die Finanzkrise 2008, in der Tesla-Sportwagen wie Blei in den Verkaufsräumen stehen bleiben. Kein frisches Geld ist in Sicht. Tesla steht mit dem Rücken zur Wand. In dieser Situation steckt Musk selbst nochmals 40

Millionen Dollar eigenes Geld in das Unternehmen. Er führt Tesla mit einer 100-Stunden-Woche und gewinnt mit Daimler einen Ankerinvestor, der zehn Prozent des Unternehmens kauft. Dazu beteiligen sich Toyota und Panasonic und das US-Energieministerium erteilt einen dreistelligen Millionenkredit zur Überbrückung.

Musk gelingt dann das Unmögliche: Er führt Tesla erfolgreich an der Börse ein. Der IPO-Preis pro Aktie betrug in 2010 17 Dollar. Im Sommer 2016 ist eine Tesla-Aktie 216 Dollar wert. Innerhalb von vier Jahren eine Wertsteigerung von sage und schreibe 1400 Prozent. Musk plant eine »Gigafactory« für die Herstellung von leistungsfähigen und kostengünstigen Batterien und will zusätzlich neben dem Tesla Model S Sportwagen einen SUV und ein unteres Mittelklassefahrzeug in den nächsten Jahren an den Markt bringen. Alle Fahrzeuge werden selbstverständlich mit Elektroantrieb ausgestattet.[9]

Musk, der Spieler, der liefert, und der Investoren, die bisher auf sein riskantes Spiel gesetzt haben, glücklich und reich gemacht hat.

Wir lernen: No risk – no fun!

1.3   Stanford University

Intellektuelles Herzstück des Silicon Valley ist die Stanford University (www.stanford.edu) mit Sitz in Palo Alto. Stanford gehört zu den insgesamt acht Elite-Universitäten (der sogenannten »Ivy League«) in den USA. Die Universität wurde 1885 vom früheren Gouverneur von Kalifornien und Eisenbahn-Tycoon Leland Stanford und seiner Frau gegründet und mit einem finanziellen Grundstock ausgestattet. Tragischer Beweggrund hinter der Gründung von Stanford war der frühe Tod des einzigen Kindes Leland Stanford Jr. durch Typhusfieber mit erst 15 Jahren. Nach dem Tod der Stanfords hatte die Universität mit finanziellen Problemen zu kämpfen. Größtes Pfand der Uni war der enorme Grundbesitz mit über 3300 ha.[10] Gemäß den ursprünglichen Statuten von Leland Stanford ist der Grundbesitz nicht veräußerbar und sollte seiner Meinung nach »... ein größeres Einkommen sichern als jede andere Geldanlage.«[11]

Doch erst mit dem ehrgeizigen Visionär Frederick Terman, dem Stanford-Rektor für das Ingenieurwesen, wurde aus der Landfläche Kapital geschlagen. Terman, Sohn eines Stanford-Professors, wuchs quasi auf dem Campus von Stanford auf. Nach dem Grundstudium in Stanford und der Doktorarbeit am MIT an der Ostküste kam er für eine Assistenzprofessur an die Stanford Universität zurück und entdeckte den neu entstehenden Bereich der Elektronik als sein Steckenpferd. Terman erkannte als einer der Ersten die Verbindung zwischen Wissenschaft und Wirtschaft. Ziel seiner Bemühungen war der Aufbau eines institutionalisierten Netzwerks universitärer und industrieller Forscher, die gemeinsam an anspruchsvollen Technologien arbeiten sollten und in dem die Stanford Universität das Zentrum der Entwicklung darstellt. Er erkannte die kongeniale Partnerschaft, die sich aus der Zusammenarbeit technologieorientierter Unternehmen auf der einen Seite und der herausragenden Forschung, den studentischen Absolventen sowie der industriell orientierten Professorenschaft ergibt.[12]

Mit seinen Studenten unternahm er Exkursionen zu Unternehmen der Elektronikindustrie. Zwei der Studenten, Jim Hewlett und Dave Packard, nahm er enger unter seine Fittiche und ermutigte die beiden zur Gründung eines eigenen Unternehmens, das zunächst Messgeräte herstellen sollte. Terman vermittelte Dave Packard ein Forschungsstipendium von 500 Dollar pro Jahr und sorgte für erste Aufträge. Aus diesen Anfängen entstand der Hewlett-Packard-Konzern, der heute einen Umsatz von über 100 Milliarden Dollar pro Jahr erwirtschaftet.

Mit der Gründung des Stanford Industrial Parks 1951, dem weltweit ersten Business Park für Technologieunternehmen auf dem Grund und Boden der Stanford Universität, wurde dank Frederik Terman der Startschuss für den wirtschaftlichen Erfolg der Universität gelegt. Auch heute noch hat der Konzern Hewlett-Packard seine Konzernzentrale auf dem Gelände der Stanford Universität.

»Die Luft der Freiheit weht.« ziert in deutscher Sprache das Siegel der Stanford Universität und geht zurück auf den deutschen Humanisten Ulrich von Hutten. Diese Freiheitsluft hat viele Forscher zu bahnbrechenden Technologien und erfolgreichen Unternehmen inspiriert.

Ein paar Beispiele: Professor Vinton Cerf, auch »Vater des Internets« genannt, entwickelte Anfang der 1970er-Jahre das TCP/IP-Protokoll, auf dessen Standard die Datenpakete im Internet ihren Weg vom Ausgangs- zum Zielpunkt finden. Cerf ist heute »Chief Internet Evangelist« bei Google. In den 1980ern wurde in Stanford die DSL-Technologie für Telefonkabel entwickelt, ohne die wir heute kein »schnelles« Internet hätten. In 1991 wurde in Stanford der erste Web Server der USA aufgesetzt.

Der Name Stanford findet sich in der Abkürzung der legendären Workstation-Schmiede SUN Microsystems wieder. SUN steht zum einen für Stanford University Network und zum anderen für eine der erfolgreichsten Uni-Ausgründungen (Spin-off) der 1980er-Jahre. Die Stanford-Absolventen Andreas Bechtolsheim und Scott McNealy gründeten zusammen mit den Amerikanern Bill Joy und Vinod Khosla SUN Microsystems.

Bekanntestes Internet-Unternehmen mit Stanford-Hintergrund ist Google. Die beiden Google-Gründer Sergey Brin und Larry Page entwickelten den sogenannten »Page Rank Algorithmus« (Grundlage für die Reihenfolge der Google-Suchergebnisliste) als Doktoranden an der Stanford Universität. David Cheriton, Informatikprofessor in Stanford, brachte sie mit dem SUN-Gründer Andy Bechtolsheim zusammen. Dieser war nach einer Erstpräsentation vom Produkt der neuartigen Suchmaschine so überzeugt, dass er ihnen als erster Investor einen Scheck über $100 000 ausstellte, obwohl das Unternehmen Google formal noch gar nicht gegründet war.

Weitere bekannte Internet-Unternehmen mit Stanford Wurzeln sind: Cisco Systems, eBay, Hewlett-Packard, Instagram, Intuit, LinkedIn, Logitech, Netflix, Nvidia, Silicon Graphics, Snapchat, Tesla Motors, Vmware, Yahoo.[13]

Stanford ist beim Transfer von Forschung und Entwicklung einzigartig. Forschungsergebnisse und Patente werden durch das Büro für Technologielizensierung zu wirtschaftlichem Erfolg für die Universität und den Gründer. Bis dato erzielte es Einnahmen von mehr als einer Milliarde Dollar. Jegliche Erfindung auf Basis von Stanford-Ressourcen gehört der Uni Stanford und nicht dem Erfinder. Stanford patentiert die Erfindung und verkauft die Rechte an den Erfinder. Das bekannteste Beispiel dafür ist der

PageRank-Algorithmus – erfunden von dem Google-Gründer Larry Page – der Grundstock für den Erfolg von Google.[14]

John Hennessy, der aktuelle Universitätspräsident von Stanford, verkörpert die Kombination aus Kommerz und Lehre perfekt. Hennessy ist im Aufsichtsrat von Cisco und Google und hat in den 1980ern die sogenannten RISC-Prozessoren (Reduced Instruction Set Computer) an der Stanford Uni mitentwickelt, welche die Basis für moderne Workstation-Computer waren.[15]

Wirtschaftliche Bedeutung der Stanford Uni für Unternehmensgründungen

> Gesamtumsatz der Unternehmen gegründet von Stanford-Absolventen: $2.700 Mrd.

> 58 Nobelpreisträger

> 30 Milliardäre (aktuell Lebende)

> 17 Astronauten

> 18 Touring-Gewinner (Touringpreis: entspricht Nobelpreis für Informatik)

> Stiftungsvermögen: $22,2 Mrd. (Stand 31. August 2015)[16]

1.4 Stanford Research Institute

Siri, der digitale Sprachassistent von Apple, ist eines der aktuellsten und markantesten Produkte, das aus Forschungen des Stanford Research Institute (SRI.com) hervorging. Das SRI ist ein sogenanntes »Non-Profit«-Forschungsinstitut in Menlo Park. Die Stanford Universität gründete im Jahr 1946 das Institut als Innovationszentrum zur Förderung der wirtschaftlichen Entwicklung in der Region des Silicon Valley in unmittelbarer Nachbarschaft zur Stanford Universität. Mittlerweile gehört das SRI zu den weltweit größten Auftragsforschungsinstituten der Welt. Firmen, Start-ups, aber auch Regierungen und private Stiftungen weltweit nutzen die Forschungs- und Entwicklungsexpertise des SRI. Das SRI kommt aktuell auf einen Umsatz von $540 Mio. (Stand 2014). Das SRI beschäftigt sich nicht nur mit Computer- und Internetthemen. Zu den Aufgabengebieten gehören u.a. auch die Segmente Biomedizin, Chemie, Neue Materialien und Raumfahrt. Das SRI wird auch gerne als »Nerd City« bezeichnet – weil es in der Vergangenheit jeweils Innovationen aus der Zukunft in die Gegenwart gebracht hat.

Steve Jobs und Apples Produktpräsentationen sind legendär. Kultstatus als »The Mother of all Demos« (Mutter aller Produktdemos) erlangte die Präsentation des SRI-Wissenschaftlers Douglas Engelbart, gehalten am 8. Dezember 1968. Im Rahmen der Fall Joint Computer Conference in San Francisco stellte er in einer Live-Präsentation einen Computer unter dem Namen oN-Line System vor. Dieser enthielt bereits alle wichtigen Hard- und Software-Elemente eines Computers wie Fenster, Hypertexte (Links), Grafiken, Kommandozeileneingabe, Videokonferenz, Textverarbeitung und die Computermaus. Engelbarts Präsentation beeinflusste maßgeblich die Arbeiten am Xerox PARC und die späteren Entwicklungen des Macintosh- und des Windows-Betriebssystems von Microsoft.[17]

Zurück zu SIRI: SIRI wäre ohne das US-Militär und dessen finanzielle Unterstützung nicht möglich gewesen. DARPA, der Forschungszweig des US-Militärs investierte in 2003 vor dem Hintergrund des Irak-Kriegs insgesamt $150 Mio. in ein fünfjähriges Forschungsprojekt zur Entwicklung eines digitalen Assistenten, der den US-Militärkommandierenden im Kriegseinsatz helfen sollte, die Gesamtlage zu überblicken und die richtigen Entscheidungen zu treffen. Insgesamt waren an dem »CALO« genannten Projekt 500 Wissenschaftler beschäftigt. Die besten Köpfe aus dem Bereich künstliche Intelligenz (Artifical Intelligence) wurden dafür zusammengezogen.[18]

Investoren und Business Angels sollten bei technischen Innovationen und Start-ups genau darauf achten, ob und wie Technologien des SRI Verwendung finden. Spin-offs (Ausgründungen) von SRI sind häufig ein Qualitätsindikator für interessante Start-ups und damit verbundene

Investments. Li Ka Shing, der mit gut $31 Mrd. reichste Mann Asiens – reich geworden mit Immobilien in Hongkong und international mit Telekommunikation und Mobilfunkinvestments – investiert erfolgreich in Internet und Telekommunikation. Li nutzt den Zugang zu SRI konsequent und investiert in Start-ups aus dem SRI-Umfeld.

Li Ka Shing investierte nicht nur frühzeitig in Facebook, sondern auch in die Gründer des SRI-Spin-offs »SIRI«, welches für $100–$200 Mio. an Apple verkauft wurde.

Es ist also kein Fehler, sich auf die Spuren von SRI und Li Ka Shing zu begeben. SRI hat bis heute über 50 Start-ups als Spin-offs gegründet, die heute in Summe eine Marktkapitalisierung von über $20 Mrd. repräsentieren. Der Risikokapitalzweig des SRI (SRI Ventures) unterhält Partnerschaften mit renommierten VC-Gesellschaften wie Draper Fisher Jurvetson, Intel Capital, Khosla Ventures und Morgenthaler Ventures.

1.5 StartX – der Stanford-Inkubator

Die Stanford-Entrepreneur (Unternehmensgründung)-Infrastruktur wird komplettiert durch den eigenen Inkubator StartX (startx.stanford.edu). StartX wurde 2011 als Non-Profit-Inkubator gegründet. Im Gegensatz zu anderen bekannten Inkubatoren im Silicon Valley wie Y Combinator verlangt StartX keine Unternehmensanteile an den Start-ups. Um ein Investment von Stanford zu erhalten, muss das jeweilige StartX-Unternehmen mindestens $500 000 von professionellen Angel-Investoren oder Venture Capitalists einsammeln.

Das StartX-Programm läuft entsprechend gut an. Allein in 2013 erfolgten sieben Absolventen Start-up Exits wie Luma (verkauft an Instagram), WifiSlam (verkauft an Apple) oder Loki Studios (verkauft an Yahoo). StartX ist nicht nur auf Internet-Start-ups fokussiert. Unternehmensgründungen aus den Bereichen Software, Consumer IT, Hardware, Energie und insbesondere auch MedTech sind sehr willkommen. Für MedTech (Medizintechnik)-Start-ups gibt es den eigens geschaffenen Bereich StartX MED.

StartX ist für den boomenden Bereich MedTech und die Verknüpfung von Healthcare mit Internet und mobile Apps durch die Fachressorts Internet und Medizin am Stanford Campus bestens positioniert. Unternehmen wie Intel-GE Care nutzen die Expertise und veranstalten mit StartX erste Hackathons (Programmierwettbewerbe), die interessante Start-up-Ideen liefern sollen.[19]

Zu den prominenten Partnern gehören Unternehmen wie Cisco, Merck, Genentech, Intuit und Venture Capitalists wie Greylock und Sequoia.

Die Kennzahlen von StartX sind beeindruckend: Innerhalb der ersten drei Jahre wurden über 1000 Gründungskonzepte eingereicht. Davon wurden 160 Unternehmen in das StartX-Programm aufgenommen. Über 80% davon erhielten eine Anschlussfinanzierung und wachsen seitdem. Der StartX-Fonds hat in den vergangenen Jahren über $18 Mio. in insgesamt 58 StartX-Unternehmen investiert. Im Rahmen eines medial vielbeachteten Demo Days präsentieren die StartX Start-ups vor circa 200 Investoren ihre Geschäftsideen. TechCrunch, die Internet-Postille des Silicon Valley, sowie die Wirtschaftsblätter *Forbes* und *Wall Street Journal* berichten regelmäßig über die jeweiligen Demo Days.[20]

Das Stanford University's Entrepreneurship Corner ist die Ressource für erstklassige Videos bekannter Gründer und Venture Capitalists. Über 3000 Videos und Podcasts sind über ecorner.stanford.edu abrufbar. Spannend ist unter anderem die Sektion »Finance & Venture Capital«, in der bekannte Business Angels und Venture Capitalists über Erfolge, aber auch Misserfolge bei ihren Investments sprechen.

1.6 Der »Hewlett-Packard Way« – von der Garage zum Milliardenkonzern

Hewlett-Packard (HP) mit den Gründern Bill Hewlett und Dave Packard, beides Stanford-Absolventen, waren Ziehsöhne von Frederick Terman, dem Stanford-Rektor für das Ingenieurwesen. Die beiden schufen mit der Erfindung von Messgeräten und später Microcomputern den ersten

Weltkonzern des Silicon Valley – aus einer Garage heraus. Die HP-Garage aus der Bill Hewlett und Dave Packard in den Anfängen ab 1939 arbeiteten, wird gemeinhin als »Geburtsstätte des Silicon Valley« bezeichnet (HP). Die mittlerweile von HP gekaufte und renovierte Garage mit dem weitestgehend originalen Interieur hat einen Kultstatus bei Unternehmensgründern wie vielleicht Wimbledon im Tennis oder Wembley im Fußball.

Neben prägenden Produkten von HP, wie marktführenden Messgeräten (mittlerweile in einer eigenen börsennotierten Aktiengesellschaft unter dem Namen Agilent geführt) sowie Laserdrucker und Tintenstrahldrucker, ist HP noch heute Synonym für bahnbrechende Management-Techniken. Die beiden Gründer fassten diese unter dem Stichwort »The HP Way« zu prägnanten Unternehmensregeln zusammen. Sie stehen für klare Zielorientierung, flache Strukturen, möglichst wenig Bürokratie, Mitarbeiterbeteiligung am Unternehmenserfolg sowie Führungsverantwortliche, die bei allen Produktentwicklungen den Kunden und den Kundennutzen im Blick haben.

Ziel von HP war es, dass alle Stakeholder (Beteiligten), also Mitarbeiter, Aktionäre und Gesellschaft, gleichermaßen vom Unternehmenserfolg profitieren sollten. David Packard war geprägt durch die Depression der 1930er-Jahre und sah sich als Unternehmer in der Verantwortung. HP hat als erstes Silicon-Valley-Unternehmen konsequent den weltweiten Ausbau an Produktionsstätten und damit verbundenen Absatzmärkten vorangetrieben. Bereits 1957 erkannte HP, dass sich durch die damalige Bildung der Europäischen Gemeinschaft ein großer, einheitlicher Absatzmarkt für Elektronikprodukte ergibt. HP handelte schnell und gründete in 1959 eine Filiale in Genf, welche die Europazentrale wurde, und noch im selben Jahr wurde in Böblingen, Nähe Stuttgart, ein kleiner Produktionsstandort zur Montage von Geräten eröffnet.[21]

Das Finanzgebaren von HP war zudem von großer Vorsicht geprägt. Das Wachstum, welches in den ersten Jahrzehnten deutlich zweistellig oder gar dreistellig war, wurde rein aus dem Cashflow und Eigenkapital bezahlt. Auf Kredite zur Expansion wurde verzichtet, da man die Gewinne am besten und renditeträchtigsten in das eigene Unternehmen reinvestieren konnte. Aktionäre waren darüber hocherfreut und die Aktie gehörte seit ihrem Börsendebüt 1961 an der New York Stock Exchange bis um die Jahrtausendwende über fast 40 Jahre zu den stetigen Gewinnern am Aktienmarkt.

Der Verzicht auf Kredite, welcher von HP vorexerziert wurde, ist bis heute beispielhaft für viele folgende Technologieunternehmen. Apple mit einem Barmittelbestand von über $200 Mrd. oder Alphabet mit über $70 Mrd. verfügen über so starke Bilanzen, dass sie bei Neuentwicklungen oder Unternehmenskäufen diese locker aus ihren eigenen Finanzmitteln bezahlen können. Wall-Street-Banken und deren Finanzierungskünste bleiben außen vor – schaut man doch von der amerikanischen Westküste auch häufig kritisch auf das Gebaren der Wall-Street-Banken.

HP war mit dem Börsengang 1961 auch einer der Pioniere für ein Aktienbeteiligungsprogramm der Mitarbeiter, welches bereits seit den Anfängen sehr rege genutzt wurde. Viele Mitarbeiter bauten sich damit über die Jahre und Jahrzehnte ein Vermögen auf – sie konnten bis zu 10% ihres Gehalts in Aktien von HP investieren.[21]

Eine interessante Anekdote aus den Lebenserinnerungen von Dave Packard über die Börseneinführung von HP aus seinem Buch *Die Hewlett Packard Story*. Sie könnte auch von einem schwäbischen Unternehmer stammen und hat zu viel Schmunzeln bei New Yorker Bankern geführt:

> »Der Tag unserer Einführung an der New Yorker Börse begann nicht gerade verheißungsvoll. Einige von uns flogen am Tag vorher nach New York und übernachteten im Essex House. Früh am nächsten Morgen brachen wir zur Wall Street auf. Ich kam gar nicht auf die Idee, ein Taxi zu nehmen. Stattdessen fuhren wir mit einer U-Bahn Richtung Innenstadt. Leider bin ich nicht der geborene U-Bahn-Experte; nach vielem Hin und Her stiegen wir am Times Square in die falsche Linie um. So kamen wir schließlich mit ein paar Minuten Verspätung in der Wall Street an und wurden sofort in ein riesiges Eckbüro geführt, in dem uns Keith Funston, der Vorstand der Börse, begrüßte. Er lachte, als ich ihm erklärte, wir hätten uns mit der U-Bahn verfahren. Wahrscheinlich konnte er es einfach nicht fassen, dass wir zu einem solch wichtigen Ereignis mit der U-Bahn kamen.«[21]

2. Superinvestoren im Silicon Valley

2.1 Der Angel Investor und der Risikokapitalinvestor

Der Begriff des Angel Investors stammt aus den frühen Zeiten der Filmstudios in Hollywood. Die Finanzierung von Filmen war noch Pionierland und man war angewiesen auf wohlhabende Kultur- und Filminteressierte, die bereit waren, in das Neuland Film zu investieren. Angel Investors in der Technologiebranche gibt es seit den 1950er-Jahren mit der Etablierung der Elektronik- und Computerindustrie im Silicon Valley. Ein Angel Investor ist in der Regel ein Wohlhabender, der einen Teil seines Vermögens in neue Unternehmen (Start-ups) investieren kann.

Der Angel Investor ist sich des hohen Risikos seiner Investitionen bewusst und muss jederzeit mit einem Totalverlust seiner Anlage rechnen. Ron Conway, der aktuell bedeutendste Angel Investor im Silicon Valley, definiert Angel Investor wie folgt: »Jemand, dem es Spaß macht, eine Menge Risiko zu schultern.«

Der Reiz für den Angel Investor liegt darin, dass er meist als ganz früher Investor bei Unternehmensgründung oder kurz danach in das Unternehmen einsteigen kann. Dementsprechend attraktiv sind die Unternehmensbewertungen für den Investor, aber damit verbunden trägt er auch das höchste Risiko, da nicht sicher ist, ob das Unternehmen mit seinen Produkten am Markt erfolgreich sein wird bzw. weitere Investoren für die Expansion finden wird. Bestes Beispiel für ein Business-Angel-Profil ist Mike Markkula. Er wurde mit Aktien von Fairchild Semiconductor und Intel zum Millionär und ging bereits mit 32 Jahren in Rente! Anschließend überzeugte ihn Steve Jobs von Apple und er wurde neben Steve Jobs und Steve Wozniak zum dritten Apple-Gründer. Als Business Angel investierte er damals $250 000 – heute wird er auf ein Vermögen von $1,2 Mrd. taxiert.[22]

Agiert der Business Angel in der Regel alleine mit eigenem Geld, so tritt der Venture-Capitalist als professionelle Firma auf. Silicon-Valley-Venture-Capitalist-Gesellschaften sind meist Partnerschaften mehrerer Personen, die über ihre aufgelegten Venture Fonds in Unternehmen investieren. Im Gegensatz zu Business Angels investieren Venture-Capital-Unternehmen in der Regel erst nachdem das Unternehmen bereits erste Produkte und Erfolge am Markt vorzuweisen hat. Entsprechend den einzelnen aufgelegten Fonds spricht man beispielsweise von Frühphasen- oder Spätphasenfonds, also der Auslegung nach dem Lebenszyklus des Unternehmens. Es existieren aber auch Themenfonds z. B. Für Biotechnologie, erneuerbare Energien, E-Commerce- oder Mobile-Anwendungen.

Die von Venture-Capital-Unternehmen aufgelegten Fonds werden in der Regel von Versicherungen, Pensionskassen, Vermögensverwaltern, Hochschulen (sogenannten Endowments) und Family Offices gezeichnet. In den letzten zwei Jahrzehnten haben sich zudem Venture-Capital-Gesellschaften der dominierenden Technologieunternehmen im Silicon Valley etabliert. Zu den aktivsten Geldgebern gehören Google Ventures und Intel Capital.

Business Angels und Venture Capitalists sind wie Benzin, das den Motor Innovation am Laufen hält. Ohne die beiden Finanziers hätte das Silicon Valley nicht die Bedeutung erlangt, die es heute besitzt.

Da Business Angels und Venture Capitalists in der Regel »Wiederholungstäter« sind, fließen die Erträge aus erfolgreichen Investments erneut in den Venture-Kreislauf für die Finanzierung neuer Unternehmen und Innovationen.

2.2 Arthur Rock – der Erfinder der Risikokapitalindustrie

Arthur Rock gilt als Erfinder des Venture-Capital-Business und hat die wichtigsten Handwerkszeuge zur Durchführung von Finanzierungen in Hochtechnologiefirmen von Grund auf entwickelt. Begonnen hatte er 1951 nach seinem MBA-Studium an der Harvard Universität bei dem New Yorker Broker Hayden, Stone & Company. Er konzentrierte sich dabei auf die Finanzierung von kleineren Firmen. Von Venture Capital konnte man noch nicht sprechen. In der Regel waren es wohlhabende Familien der Ostküste wie die Rockefellers, die sich für diese Art von Anlage interessierten.

Investment in Fairchild Semiconductor

In den 50er-Jahren begann sich aber mit der Elektronikbranche eine neue Industrie zu etablieren. William Shockley, Nobelpreisträger für die Erfindung des Transistors, zog mit seiner Unternehmensgründung im Silicon Valley die talentiertesten Köpfe nicht nur aus den USA, sondern international an. Acht seiner führenden Mitarbeiter waren mit der Unternehmensführung und der strategischen Ausrichtung der Firma nicht einverstanden. Sie hatten die Vision, nicht nur einzelne Transistoren zu produzieren, sondern ganze sogenannte integrierte Schaltkreise (ICs), die einen Quantensprung an Leistungs- und Einsatzmöglichkeiten in der Elektronik bedeuteten.

Das Ziel dieser »Acht« war, einen Finanzier für die Gründung eines neuen Halbleiterunternehmens zu gewinnen. Einer der »Acht«, Eugene Kleiner, kam auf die Idee einen Brief an das Brokerunternehmen zu schreiben, bei dem sein Vater ein Investmentkonto hatte. Über einige Zufälle landete der Brief bei Arthur Rock. Der Investitionsbedarf lag bei $1,5 Mio. Zusammen mit einem Partner von Hayden Stone flogen die beiden nach San Francisco und trafen sich mit den acht potenziellen Gründern.

Arthur Rock wurde schnell klar, dass das Businesskonzept und die Gründer zusammenpassten und es nun entscheidend war, einen passenden Finanzpartner zu finden. Er machte den Gründern den Vorschlag, dass jeder der Acht 10% und Hayden Stone als Broker selbst 20% am neu zu gründenden Unternehmen hält.

In der Folge hatte Arthur Rock eine Liste mit 35 Unternehmen erarbeitet, die er für die Finanzierung des neu zu gründenden Unternehmens ansprechen wollte. Doch bei keinem der Unternehmen hatte er Erfolg. Es war 1957, gerade mal zwölf Jahre nach Ende des zweiten Weltkriegs.

Er konnte die Unternehmen zwar von der Technologie der integrierten Schaltkreise überzeugen, aber keiner sah sich in der Lage einer Investition in eine Neugründung außerhalb der bestehenden Firmenstruktur zuzustimmen, ohne für Aufruhr in der eigenen Firma zu sorgen.

Doch Arthur Rock hatte noch eine Trumpfkarte im Ärmel: Sherman Fairchild. Sherman Fairchild war zum damaligen Zeitpunkt der größte Einzelaktionär von IBM. Fairchild war wohlhabend, technologieinteressiert, hatte ein Faible für junge Leute und hielt zahlreiche Patente, zudem gehörten ihm die Technologiefirmen Fairchild Camera and Instrument und Fairchild Aviation. Der logische nächste Schritt war für Fairchild ein Investment in die boomende Halbleiterbranche zu tätigen.

Sherman Fairchild investierte $1,5 Mio. in die neue Unternehmung. Damit war Fairchild Semiconductor geboren. Arthur Rock entwickelte aus dem Nichts heraus die Verträge, Unternehmensstruktur und -strategie zur Gründung von Fairchild Semiconductor. Im Gegenzug erhielt Rocks Arbeitgeber einen Anteil an dem neuen Unternehmen sowie einen Aufsichtsratssitz, um die Geschicke im Unternehmen beeinflussen zu können. Arthur Rock schuf damit die Blaupause für zukünftige Venture-Capital-Investitionen in Neugründungen von Technologieunternehmen.

Innerhalb weniger Jahre entwickelte sich das Unternehmen zu einem grandiosen wirtschaftlichen Volltreffer, auch an der Börse. Der Kurs gehörte Mitte der 1960er-Jahre zu den Stars am Aktienmarkt und konnte allein im Jahr 1965 von Januar bis Oktober um 447% zulegen und war damit die Wachstumsaktie Nummer eins an der Wall Street.[23] Technologisch war damit der Grundpfeiler für das »Silicon« im Namen Silicon Valley gelegt. Arthur Rock betonte in einem Aufsatz für die Harvard Business School, dass es ohne die Gründung von Fairchild Semiconductor das Silicon Valley mit seiner einzigartigen Gründerkultur nie gegeben hätte.[24]

Arthur Rock betonte immer wieder, dass er kein Technologieexperte ist und sich entsprechend auf die Persönlichkeit der Unternehmensgründer für seine Investmententscheidungen konzentriert hat. Dieses Menschengespür hat ihm bei seinen weiteren sehr erfolgreichen Investments geholfen.

Investment in Intel

Zwei der acht Gründer von Fairchild Semiconductor, Robert Noyce und Gordon Moore, kamen 1968 auf ihn zu mit der Idee, sich von Fairchild Semiconductor zu lösen und ein neues Unternehmen unter dem Namen Intel zu gründen. Mit Intel wollten Noyce und Moore den führenden Hersteller von neuartigen Halbleiterspeichern schaffen. Zum damaligen Zeitpunkt wurden die Daten noch aufwendig auf Magnetbändern gespeichert. Auch dieses Unternehmen bedurfte einer Finanzierung und Arthur Rock konnte auch diesmal helfen.

Es war ein Selbstläufer: Noyce und Moore hatten sich bei Investoren durch ihre Führungspositionen bei Fairchild Semiconductor einen exzellenten Ruf erarbeitet, dementsprechend konnte Arthur Rock die notwendigen $2,5 Mio. zur Gründung von Intel innerhalb kürzester Zeit bei Anlegern einsammeln. Ohne einen geschriebenen Businessplan! Arthur Rock schrieb den ersten Businessplan von Intel auf einer einzigen Seite, nachdem er das Geld der Anleger bereits eingesammelt hatte.[25]

Arthur Rock gehörte neben Robert Noyce und Gordon Moore zu den Gründeraktionären (Foundern) von Intel. Nicht aufgrund seines technischen Sachverstands, sondern, wie er in seiner bescheidenen Art betonte, durch die Tatsache, dass er die Gründungspapiere mit unterschrieben hat. Rock betonte in seinem Aufsatz für die Harvard Business School, dass er sich bei der Gründung von Intel zu 100% sicher war, dass es ein großer Erfolg würde – wegen den Gründerpersönlichkeiten Robert Noyce und Gordon Moore.

Investment in Apple Computer

Arthur Rock hatte seine Finger auch bei der Gründung von Apple im Spiel. Mike Markkula, der bereits mit Anfang 30 durch seine Intel-Aktienoptionen zu Reichtum gekommen und vorzeitig in den Ruhestand getreten war, machte Arthur Rock auf Steve Jobs und Steve Wozniak und deren Firma Apple Computer aufmerksam. Mike Markkula entdeckte die beiden Gründer und war von den Fähigkeiten von Jobs und Wozniak überzeugt. Er versuchte Jobs beim Schreiben des Businessplans für Apple zu coachen, schließlich schrieb er selbst den ersten Businessplan. Markkula gründete gemeinsam mit Jobs und Wozniak Apple Computer. Jeder hielt ein Drittel der Anteile. Markkula bezahlte für seinen Anteil $300 000. Das Investment in Apple hat Markkula zum Milliardär gemacht.[26] Rock selbst war zunächst von der exzentrischen Art von Steve Jobs nicht überzeugt. Er fand beide eher suspekt und stufte sie als Hippie-Spinner und Hacker ein.

Markkula blieb aber hartnäckig und lud Arthur Rock zur Homebrew Computer Show in San Jose ein. Homebrew war ein Computerclub, in dem sich die Hacker und Nerds der damaligen Zeit regelmäßig getroffen haben. Wozniak und Jobs waren dort mit die führenden Köpfe. Rock beobachtete die einzelnen Messestände und stellte fest, dass sich am Apple-Computer-Stand große Menschentrauben bildeten und alle Besucher von den Apple-Computern sprachen. Als er von Markkula die Versicherung hatte, dass dieser sich um Wozniak und Jobs »kümmern« würde, tätigte er ein Investment in Apple Computer in Höhe von $60 000. Auch die Familie Rockefeller investierte zur selben Zeit in Apple Computer. Arthur Rock diente im Anschluss viele Jahre auch als Aufsichtsratsmitglied von Apple Computer. So lenkte er die Geschicke von zwei der wichtigsten Silicon-Valley-Unternehmen – Intel und Apple – über einen längeren Zeitraum.

Daneben war Arthur Rock auch maßgeblich an der Finanzierung von Scientific Data Systems, dem ersten Rechnerhersteller für Wissenschaftscomputer, beteiligt. Scientific Data Systems wurde Anfang der 1970er-Jahre für die damals unvorstellbare Summe von über $900 Mio. an Xerox verkauft.

Arthur Rock kann mit Fairchild Semiconductors, Intel, Scientific Data Systems und Apple auf eine einzigartige Bilanz von erfolgreichen Technologieinvestments verweisen.

2.3 Fairchild Eight – »die verräterischen Acht«

William Shockley, Miterfinder des Transistors und Nobelpreisträger für Physik, zog mit seiner Firmengründung von Shockley Semiconductor

Laboratory national wie international hochkarätige Jungwissenschaftler an. Es bildete sich dabei ein Kern von acht Leuten, die innerhalb von Shockley Semiconductor zu einer verschworenen Einheit wurden.

Sie wurden auch als Fairchild Eight, Shockley Eight und eine Zeit lang auch Fairchildren genannt.

Jeder der Acht war auf dem jungen Gebiet der Halbleiterelektronik in seinem Bereich herausragend und in der Gruppe stachelte man sich durch neue technologische Durchbrüche zu ständigen Höchstleistungen an.

Diese Euphorie wurde allerdings von William Shockley, einem brillanten Wissenschaftler, aber gleichzeitig lausigen Unternehmer und Führungskraft, nicht geteilt. Er versuchte durch kontinuierliche Überwachung alles unter seiner Kontrolle zu halten und die Erfindungen wurden nur unter seinem Namen veröffentlicht. Er wollte den Erfolg und die Lorbeeren ganz für sich allein haben. Shockley selbst wurde zum Bremsklotz in der Firma, die Acht wollten nach dem Fertigen von Transistoren übergehen zur Entwicklung und Fertigung vollständig integrierter Schaltkreise (ICs). Nachdem sich die Acht nicht durchsetzen konnten, um Shockley als Chef abzusetzen, haben sie in einer gemeinsamen Aktion alle zusammen Shockley Semiconductor verlassen und zusammen mit Arthur Rock als Venture-Capital-Geber und dem Industriepartner Norman Fairchild 1957 das Unternehmen Fairchild Semiconductor gegründet.

William Shockley war darüber so aufgebracht, dass er die Acht als »Die verräterischen Acht« – Die »Traitorous Eight« bezeichnete. Namentlich waren dies Victor Grinich, Robert Noyce, Gordon Moore, Eugene Kleiner, Julius Blank, Sheldon Roberts, Jean Horni und Jay Last. Was im Jahre 1957 noch an eine Ungeheuerlichkeit grenzte, also das Verlassen eines Unternehmens, um ein Konkurrenzunternehmen auf der grünen Wiese aufzusetzen, gehört heute im Silicon Valley unter dem Stichwort »Spin-off« zu einer oft geübten Praxis. Häufig entstehen so erfolgreiche neue Unternehmen, die dann an die Börse gehen oder wieder aufgekauft werden. Bestes Beispiel aus der jüngeren Vergangenheit hierfür ist Marc Benioff, der in einer führenden Position bei Oracle war und erkannte, dass die Zukunft der Software in der Cloud liegt. Er konnte seinen Chef Larry Ellison sogar davon überzeugen, in sein neues Unternehmen Salesforce zu investieren, obwohl es mit Ellisons Firma Oracle damit in den direkten Wettbewerb trat. Ein weiteres Beispiel ist Tony Fadell, der den Apple iPod miterfunden hat. Er gründete das Unternehmen Nest, das sich auf die Herstellung und Vermarktung von Heizungs- und Klimareglern und Rauchmelder konzentriert. Eigentlich sind das Produkte, die auf den ersten Blick unsexy erscheinen, aber mit seinem Designwissen vom iPod entstanden so ganz neuartige Konsumprodukte für die Heimautomation, die sich bequem über Apps steuern lassen. Google zahlte für das erst 2010 gegründete Unternehmen Anfang 2014 insgesamt $3,2 Mrd. und macht es zu seinem Herzstück bei der Eroberung des häuslichen Bereichs.[27]

Den »Fairchild Eight« gelang es nicht nur mit Unterstützung von Arthur Rock mit Fairchild Semiconductor das in den 60er-Jahren führende Halbleiterunternehmen im Silicon Valley aufzubauen, sondern auch ganz neuartige und revolutionäre Fertigungs- und Produktionstechniken zu entwickeln. Einer der wissenschaftlichen und in der Folge auch wirtschaftlichen Höhepunkte war im Jahr 1961 die Gewährung des Patents für integrierte Schaltkreise auf Siliziumbasis für Robert Noyce.

Durch Fairchild Semiconductor konnten die Acht weitere Management- und Technologieerfahrung sammeln, gleichzeitig entstand bei ihnen durch ihre Aktien und Aktienoptionen ein gewisser Reichtum. Die Mischung aus unternehmerischer Erfahrung gepaart mit finanzieller Unabhängigkeit machte sie offen für neue unternehmerische Optionen – die sie auch alle ergriffen und damit das Silicon Valley zum Inbegriff für die ständige Erneuerung machten. Die Profile der Acht:

Victor Grinich, Sohn kroatischer Einwanderer, wurde im Anschluss Professor in Berkley und Stanford für Elektrotechnik und konnte seine Erfahrungen somit an nachfolgende Studentengenerationen weitergeben und den Ruf der Stanford University als Ort der Theorie und Praxis festigen. Grinich ist auch Autor eines der Standardlehrbücher für Elektrotechnik, *Introduction to Integrated Semiconductors.*

Julius Blank wurde Mitgründer des Halbleiter- und Elektronikunternehmens Xicor.[28]

Sheldon Roberts, Jean Hoerni und Jay Last gründeten die Firma Amelco, die später im Technologiekonzern Teledyne aufging. Julius Blank betätigte sich im Anschluss als Investor und Berater für Start-up-Unternehmen. Blank betonte in einem 2008 gehaltenen Interview für das Archiv des Computer History Museums im Silicon Valley, dass es ein großartiges Gefühl war, »etwas aus dem Nichts« zu schaffen.

Den maßgeblichsten Einfluss auf die Weiterentwicklung des Silicon Valley hatten von den »verräterischen Acht« aber Eugene Kleiner, Robert Noyce und Gordon Moore.

Eugene Kleiner verließ 1961 Fairchild Semiconductor, wechselte als Berater in das Venture-Capital-Business und arbeitete für Arthur Rocks Firma Davis and Rock. Kleiner kam auf den Geschmack der hohen Renditen und gründete schließlich 1972 zusammen mit dem Harvard-Absolventen Tom Perkins das Venture-Capital-Unternehmen Kleiner Perkins. Anfang der 1970er-Jahre war der Venture-Capital-Markt ein regelrechtes Paradies für Investoren. Die damalige Steuer auf Kapitalgewinne hielt viele Investoren vor Investments in Start-up-Gründungen zurück, gleichzeitig gab es aber eine Unmenge junger Gründer mit interessanten Geschäftsmodellen für die schnell wachsende Elektronik- und Computerindustrie. Investoren waren damit im Vorteil und konnten für günstige Bewertungen Anteile an den attraktivsten Start-ups erwerben. Eugene Kleiner legte einen ersten Fonds mit rund $8 Mio. auf. Das Geld kam von einem damals sehr wohlhabenden Stahlmagnaten, Henry Hillman, aber auch aus seinem Freundeskreis von Fairchild, z.B. von Robert Noyce. Kleiner und Perkins waren sogenannte »Managing Partners« und in dieser Rolle wählten sie die Firmen aus, in die investiert wurde. Im Gegenzug erhielten sie dafür eine Prämie in Form eines fixen Prozentsatzes der Gesamtwertentwicklung des jeweiligen Fonds. Eugene Kleiner wollte mit Kleiner Perkins nicht nur ein Kapitalgeber sein, sondern wollte seine Portfoliounternehmen intensiv bei der Geschäftsentwicklung unterstützen. Dazu gehörte ein Rundum-Service für die Bereiche Rechnungslegung und juristische Fragestellungen sowie Intros bei potenziellen Kunden, aber auch die Gestaltung von Events, wo sich gleichgesinnte Gründer austauschen und über Herausforderungen und mögliche gemeinsame Geschäftsansätze diskutieren können. Kleiner Perkins gehört heute mit über 40-jähriger

Erfahrung zu den größten und erfolgreichsten Venture-Capital-Unternehmen überhaupt.

Eugene Kleiner war maßgeblich an der Finanzierung bekannter Internet- und Computer-Unternehmen wie AOL, Amazon, Citrix, Compaq, Electronic Arts, Google, Intuit, Sun und Zynga, aber auch an dem bekanntesten Biotechnologieunternehmen Genentech beteiligt. Er hat dem Silicon Valley durch sein Engagement in der nachhaltigen Etablierung und Professionalisierung des Venture-Capital-Business zu einem starken Aufschwung verholfen und hat damit die von Arthur Rock geschaffenen ersten Grundzüge des Venture-Capital-Business zu einer echten Venture-Capital-Industrie erweitert. Das Unternehmen Kleiner Perkins, das heute Kleiner Perkins Caufield & Byers heißt, wird später ausführlich porträtiert.

Robert Noyce war nach Aussage von Arthur Rock die komplexeste Persönlichkeit, die er in seinem Leben kennengelernt hat.[29] Noyce war zuerst die rechte Hand von Shockley bei Shockley Laboratories und anschließend Chef und treibende Kraft von Fairchild. Robert Noyce ist für viele Silicon-Valley-Insider die Schlüsselfigur für das moderne Silicon Valley, wie wir es heute kennen. Noyce war ein brillanter Wissenschaftler und spezialisiert auf die Transistortechnologie und erkannte als einer der Ersten, dass praktisch in jedem Gerät, wie wir es heute kennen, Transistoren bzw. Mikroprozessoren enthalten sein werden. Was für uns heute im 21. Jahrhundert selbstverständlich erscheint, war in den 1950er-Jahren pure Spinnerei. Voraussetzung dafür, dass Speicher und Mikroprozessoren zur Massenware und damit extrem preisgünstig wurden, war eine industrielle und weitgehend automatisierte Fertigung, gepaart mit Innovationen auf dem Gebiet der Elektronik. Noyce skizzierte und patentierte die Fortentwicklung des einzelnen Transistors zu einer neuen logischen Einheit der nächsten Stufe, dem sogenannten »Integrierten Schaltkreis« (IC). Der integrierte Schaltkreis ist eine elektronische Einheit auf einem Chip, die deutlich leistungsfähiger und flexibler im Einsatz war als einzelne Transistoren. Robert Noyce war aber nicht nur ein extrem begabter Wissenschaftler und Technologe, sondern auch ein brillanter Präsentator und Marketingmann. Ihm gelang es Investoren, Partner und Kunden durch seine einnehmende Art zu überzeugen.

Sein kongenialer Partner dabei war Gordon Moore. Während Noyce die Geschäfte von Fairchild führte, war Gordon Moore für die operative Umsetzung und technologische Weiterentwicklung verantwortlich. Mit der Unterstützung von Arthur Rock gründeten Noyce und Moore im Juli 1968 die Firma NM Electronics (N stand für Noyce und M für Moore). Eine Firma, die sich auf das schnell wachsende Segment der Halbleiterspeicher konzentrieren sollte. Moore war zum damaligen Zeitpunkt 39 und Noyce 40 Jahre alt. Für ein Start-up heute ein eher reiferes Alter. Gleichzeitig konnte aber niemand Gordon Moore mit seinem Erfahrungsschatz das Wasser reichen. Noyce ging aggressiv auf Personalsuche um die besten Leute mit neuesten Erkenntnissen der Speicher- und Computerindustrie für sein Start-up zu gewinnen. Nächste Baustelle war die Findung eines einprägsamen Namens für die Firmengründung. Nach vielen Überlegungen kam man auf Intel, die Abkürzung für »Integrated Electronics«. Hierfür musste man sich die Namensrechte für Intel von einer Hotelkette und einer TV-Station erwerben. Intel war geboren und damit eines der erfolgreichsten und stabilsten Unternehmen im Silicon Valley. Intel kam genau zum richtigen Zeitpunkt, die amerikanische Wirtschaft boomte und mit ihr die Elektronikindustrie. Der Vietnamkrieg eskalierte und damit verbunden waren gigantische Rüstungsausgaben durch das amerikanische Militär, von denen Intel und die gesamte Halbleiterbranche zusätzlich profitierten. Bereits zwei Jahre nach Gründung ging Intel an die Börse um sich weiteres Expansionskapital zu beschaffen, aber auch um über Aktien und Aktienoptionen Mitarbeiter am Unternehmenserfolg zu beteiligen. Noyce und Moore sahen in der Beteiligung über Aktienoptionen ein ganz wichtiges Merkmal für den Erfolg von Intel und die Bindung von hochmotivierten Mitarbeitern. Intel kann als die Blaupause im Bereich Mitarbeiterincentivierung für viele der folgenden Technologiegründungen gesehen werden. Beim IPO sammelte Intel die heute eher lächerlich anmutende Größenordnung von $6,8 Mio. ein. In der Folge wurde Intel zu einem der größten Erfolge am internationalen Aktienmarkt. Aufgrund der heute hohen regulatorischen Aufwände wäre ein so frühes IPO und eine Kapitalsumme in einstelliger Millionenhöhe heute nicht mehr denkbar – allein die Kosten für ein IPO bewegen sich in der genannten Größenordnung.

Gründer und Visionäre müssen nicht zwingend auch gute Unternehmer sein, vor allem wenn ein Unternehmen von einem Start-up zu einem internationalen Konzern in einer sich schnell verändernden Branche wie der Halbleiterindustrie heranwächst. Im Falle von Intel war dies aber in einer nahezu einmaligen Form gelungen. Arthur Rock, der Finanzier von Intel, beschrieb in seinem Aufsatz für die Harvard Business School, dass die Management-Persönlichkeiten Noyce und Moore der zentrale Erfolgsfaktor für das Unternehmen Intel waren. Zuerst war Noyce als Geschäftsführer die treibende Kraft. Durch sein breites technologisches und vertriebliches Wissen war er am Start von Intel genau der Richtige, der die Fäden zusammenhielt. Anschließend übernahm für zehn Jahre Gordon Moore das Ruder von Intel, genau zu dem Zeitpunkt, als Intel sich auf Mikroprozessoren konzentrierte, als Gordon Moore dem Unternehmen technologisch seinen Stempel verpasste und es damit zu dem führenden Mikroprozessorunternehmen für Personal Computer wurde. Moore und Intel sind untrennbar mit »Moore's Law« verbunden, wonach Moore prognostizierte, dass sich die Anzahl der Transistoren auf einem integrierten Schaltkreis alle 24 Monate verdoppelt – obschon Moore diese Aussage 1965, also drei Jahre vor Gründung von Intel tätigte. In den späten 1980er- und 1990er-Jahren wurde Intel von Andy Grove, dem dritten Mitarbeiter von Intel, geführt. Intel hatte damit das große Glück über drei Jahrzehnte von herausragenden Gründerpersönlichkeiten unternehmerisch geführt zu werden.

Am Ende des Tages bleibt, wie es Arthur Rock als Erfolgsformel ausgegeben hat, dass Technologiebusiness und die Investition in diese Unternehmen immer ein Stück »People's Business« sind.[30]

2.4 Die PayPal-Mafia

Geschichte wiederholt sich auch in der schnelllebigen Welt des Silicon Valley. Das Gegenstück zu den acht Fairchild-Gründern, die prägend waren für das Silicon Valley der 1960er- bis frühen 1980er-Jahre, sind heute die ursprünglichen Gründer des Online-Bezahldienstes Paypal. Ohne Paypal gäbe es kein Tesla, kein SpaceX, kein LinkedIn, kein YouTube und vielleicht auch kein Facebook, wie wir es heute kennen.

Das Wirtschaftsmagazin Forbes porträtierte im Jahr 2007 die Gründer von Paypal in einer an die Mafia erinnernden-»Dark-Room«-Umgebung und staffierte die Gründer mit Lederjacken, Trainingsanzügen und Goldketten aus, die an ein ziemlich halbseidenes Milieu erinnern. Damit war der Name »PayPal-Mafia« geboren.[31]

Wie kam es nun zu einer solch stark prägenden Ansammlung von Gründer, die das Valley in den letzten zehn Jahren stark beeinflussten und auch das aktuelle Jahrzehnt mit ihren Ideen und Unternehmungen in den Bann ziehen?

Wie häufig gehen auch die Wurzeln dieser Unternehmensgeschichte zurück auf die Stanford University. Peter Thiel hielt 1998 eine Vorlesung zum Thema Globalisierung und politische Freiheit. Einer seiner Zuhörer war Max Levchin. Levchin ging nach Vorlesungsende auf Thiel zu und beide machten sich miteinander bekannt. Thiel, geboren in Frankfurt am Main, und Levchin aus der Ukraine, zum Studium der Informatik eingewandert, schufen dann innerhalb von drei Wochen einen Dienst namens »Confinity«, welcher die Ende der 1990er-Jahre populären PalmPilots (Vorläufer der heutigen Smartphones und Tablets) zu digitalen Geldbörsen machte, und dies sicher durch die integrierte Verschlüsselungssoftware. So konnte problemlos Geld zwischen PalmPilots ausgetauscht werden. Thiel und Levchin gelang es Nokia und die Deutsche Bank zu überzeugen und $4,5 Mio. in das Start-up zu investieren. Kurz danach entwickelte das Confinity-Team eine Lösung, die es ermöglichte, Geld per E-Mail zu versenden. Der Grundstein für das heutige PayPal war damit gelegt. Nahezu gleichzeitig startete der Südafrikaner Elon Musk das Internet-Banking-Unternehmen X.com. Musk war von der Idee, Geld per E-Mail zu versenden, elektrisiert. Er kaufte das Unternehmen Confinity und verschmolz es mit seiner Firma X.com. Musk konzentrierte sich in der Folge ausschließlich auf die Weiterentwicklung des zugekauften Bezahldienstes und stellte die Entwicklungen im Bereich Internet-Banking ein. Im Jahr 2001 wurde X.com in PayPal umbenannt und damit war die Marke für digitales Bezahlen im Internet geschaffen.[32]

PayPal war ein Produkt der damaligen Dotcom-Blase. Die Firma verbrannte pro Monat circa $10 Mio. Gleichzeitig gelang es aber dem Team in rasender Geschwindigkeit die Geschäftsgrundlage für reale Umsätze zu schaffen. Etwas, das es in dieser Geschwindigkeit so nicht gab, und dies mitten in einer Phase, als die Märkte ab Herbst 2000 auf Tauchstation gingen und ein Start-up nach dem anderen pleiteging. PayPal hatte einen entscheidenden Vorteil: sie nisteten sich wie ein Parasit auf den eBay-Auktionsseiten ein und gewannen somit ohne große Marketingaufwendungen Neukunden in Millionenzahl. Gleichzeitig profitierten sie auch von der Marke eBay, welche bereits an der Börse war und zudem profitabel sowie international expandierend.

Trotz der finanziellen Turbulenzen um den 11. September und der katastrophal schlechten Stimmung für Internet-Unternehmen gelang es PayPal im Frühjahr 2002 einen sehr erfolgreichen Börsengang hinzulegen. Der Aktienkurs stieg am ersten Börsentag bereits um über 50%. Noch im Herbst desselben Jahres machte eBay ein Übernahmeangebot für PayPal in Höhe von $1,5 Mrd., dem die Gründer zustimmten. Was sind nun die Erfolgsfaktoren, die Paypal zu einer der wichtigsten Blaupausen für eine große Anzahl an erfolgreichen Technologieunternehmen gemacht haben?

Ende der 1990er-Jahre gab es noch keine sozialen Netzwerke. Für Peter Thiel, den früheren CEO von PayPal, war von Beginn an entscheidend, dass er »eine Firma schaffen wollte, in der alle untereinander eine echte Freundschaft pflegen, und dass diese Freundschaft über dem Unternehmen und dessen wirtschaftlichem Erfolg steht«. Alle Mitarbeiter wurden nicht über Headhunter, sondern direkt über ihr Netzwerk an der Stanford University angeworben. Diese persönliche Verbundenheit war notwendig, da die technischen und regulatorischen Herausforderungen, denen sich das Start-up PayPal stellen musste, gewaltig waren. Dazu kam die Konkurrenzsituation mit eBay und mit Kreditkartengiganten wie Mastercard und Visa. Das PayPal-Team entwickelte einen extremen Produktfokus. Um die Geschwindigkeit hoch und die Konkurrenz auf Abstand zu halten, wurde eine schrittweise Entwicklung neuer Funktionen eingeführt. Sobald ein neues Feature fertig war, wurde es sofort in das bestehende Produkt integriert. Heute im Jahr 2016 eine Selbstverständlichkeit, vor 15 Jahren aber revolutionär. Die technische Einbettung des PayPal-Dienstes in eBay war die Grundlage für den YouTube-Dienst, der ebenfalls von den Ex-PayPal-Mitarbeitern Chad Hurley und Steve Chen gegründet und später für $1,6 Mrd. an Google verkauft wurde.

Diese »starken Freundschaften« wie sie Peter Thiel beschreibt, haben dazu geführt, dass sich die ehemaligen PayPal-Gründer bei ihren neuen Unternehmungen jeweils gegenseitig auch als Investoren unterstützten. Mit dem Verkauf ihrer PayPal-Anteile haben sie zwar vordergründig Kasse gemacht, sich aber nicht zurückgelehnt, sondern jeder Einzelne schaltete um auf Angriffsmodus, und das heißt Gründung eines neuen Unternehmens. Die Situation zwischen 2002 und 2004 war dafür aber denkbar ungünstig. Aufgrund des gerade zurückliegenden Dotcom-Crashs waren B2C-Start-ups, also Start-ups für Endkunden, praktisch nicht zu finanzieren. Dementsprechend hatten die risikofreudigen und durch ihren PayPal-Verkauf gestählten Gründer durch ihre gegenseitige fachliche und finanzielle Unterstützung den Nährboden für einige der größten Erfolgsgeschichten im Silicon Valley geschaffen. Das Valley wurde mehrfach für tot erklärt, ist aber immer wieder auferstanden. Die PayPal-Jungs haben ein entscheidendes Schärflein dazu beigetragen.[33]

Die wichtigsten Ex-PayPal-Mitarbeiter und was aus ihnen geworden ist:

Peter Thiel war Co-Founder von PayPal und gründete im Anschluss einen Hedge Fonds und Venture-Capital-Fonds (Founders-Fund-Fonds). Sein spektakulärstes Investment war sein Angel Investment in Facebook und Mark Zuckerberg, als er $500 000 für 10% der Unternehmensanteile von Facebook zeichnete. Thiel konzentriert sich auf Investitionen, die keine »Me-too«-Ideen sind, sondern echte weltverändernde Unternehmen hervorbringen. Thiel, in Frankfurt am Main geborener Deutscher, provoziert häufig mit seinen messerscharfen Aussagen und Ankündigungen. So hat er einen eigenen Fonds für Studenten aufgelegt, der jedem $100 000 gewährt, wenn der sein Studium für eine Unternehmensgründung aufgibt und dessen Unternehmenskonzept ihn überzeugt.

Max Levchin war Technologiechef (CTO) von PayPal. Levchin ist studierter Informatiker und Träger des Preises Innovator des Jahres 2002 des angesehen Magazins *MIT Technology Review* für seine Leistungen im Bereich Datensicherheit und Verschlüsselung. Levchin gründete im Anschluss an PayPal die Social Gaming Site Slide, die von Google für $182 Mio. aufgekauft wurde. Es sollte die Grundlage für das Google-eigene Social Network

Google+ bilden. Levchin arbeitet bereits am »next big thing« und ist Vorstandschef bei Kaggle, einem BigData-Start-up. Levchin schrieb in 2012 zusammen mit Peter Thiel und dem Schachspieler Garry Kasparow das Buch *The blueprint* in dem sie eine Stagnation des technischen Fortschritts anprangern, die nur durch massive Investitionen in Forschung und Entwicklung behoben werden kann.

Reid Hoffman kam erst nach Gründung zu PayPal und führte als COO (Chief Operating Officer) das Tagesgeschäft von PayPal. Der am besten vernetzte Mensch im Silicon Valley gründete mit LinkedIn das führende soziale Netzwerk für die Geschäftswelt. Hoffman, der sehr unscheinbar und bescheiden auftritt, hat daneben ein sehr gutes Gespür für Investments in Start-ups. So gehört er zu den Investoren von Facebook, Zynga, Flickr, Digg und Last.fm und ist seit 2010 Partner bei dem Venture-Capital-Unternehmen Greylock Partners.

Elon Musk war beim Verkauf von PayPal an eBay der größte Einzelaktionär und erzielte daraus $165 Mio. Das Magazin Business Punk titelte im Jahr 2011 über ihn: »Eier aus Stahl«, was auf eine Aussage seiner ersten Frau zurückgeht.[34] Musk ist der Mann für die ganz großen Visionen und Herausforderungen. Mit dem Elektroautobauer Tesla, dem Raumfahrtunternehmen SpaceX und dem Solarunternehmen SolarCity steht er gleich drei Unternehmen vor, die es in ihren jeweiligen Märkten mit der etablierten Konkurrenz wie der Automobil-, Raumfahrt- und Energieindustrie aufnehmen. Musk ist ein Arbeitstier und Berserker, der sich auch in ausweglosen Situationen noch zu helfen weiß. In letzter Sekunde schaffte er unter Einsatz seiner gesamten privaten Finanzmittel den Turnaround bei Tesla und gehört heute mit einem Nettovermögen von rund $12 Mrd. zu den ganz Großen im Valley. Charlie Munger, Partner und rechte Gehirnhälfte von Investmentguru Warren Buffett, hat kürzlich Elon Musk mit der Aussage geadelt, dass er Musk für ein Genie und für einen der kühnsten Menschen überhaupt hält.[35]

Chad Hurley entwickelte als Designer das Logo von PayPal, Steve Chen war als Ingenieur für Paypal tätig. Beide gründeten im Anschluss den Videodienst YouTube, den sie 2006 an Google für $1,65 Mrd. verkauften.

Jeremy Stoppelman gründete im Anschluss an PayPal das Vergleichs- und Bewertungsportal Yelp, bei dem Kunden Bewertungen für Restaurants und Geschäfte abgeben können. Stoppelman hatte mehrere Übernahmeangebote für Yelp (u.a. von Yahoo), blieb aber hartnäckig und brachte Yelp 2012 an die Börse. Stoppelman kämpft mit Yelp um die Unabhängigkeit und liefert sich dabei heftige Gefechte mit Google, die bis hin nach Washington reichen. Er nimmt den Kampf mit Google auf und gibt nicht klein bei.

David Sacks war bei Paypal für das Tagesgeschäft verantwortlich und gründete im Anschluss Yammer, das soziale Netzwerk für Unternehmen. Yammer wurde 2012 von Microsoft für $1,2 Mrd. übernommen. Das Geld zur Gründung kam unter anderem von dem VC-Fonds von Peter Thiel.

Dave McClure war Marketingdirektor bei PayPal und gründete im Anschluss den Start-up-Inkubator 500 Start-ups und gehört damit zu den wichtigsten Gründeraktivisten im Silicon Valley.

Keith Rabois investierte nach seiner Zeit bei PayPal unter anderem als Business Angel in LinkedIn und YouTube und ist aktuell als Verantwortlicher für das Tagesgeschäft bei dem viel beachteten Mobile-Payment-Start-up Square tätig. Rabois gehört zu den einflussreichen Leuten im Valley, die eher im Hintergrund die Fäden ziehen.[36]

Fazit

Die Zahlen der PayPal-Gründer sprechen eine eindeutige Sprache und suchen ihresgleichen. Die 220 Leute, die PayPal im Anschluss der Übernahme durch eBay verlassen haben, stehen für die Gründung von sieben sogenannten »Unicorns« (Einhorn-Unternehmen). Als Einhorn-Unternehmen werden in den USA solche Unternehmen bezeichnet, die eine Marktkapitalisierung im Milliardenbereich aufweisen.

Unternehmen und Marktkapitalisierung, von Ex-PayPal-Mitarbeitern gegründet

1. Tesla Motors $31,8 Mrd.

2. LinkedIn $25,3 Mrd.

3. Palantir $20 Mrd.

4. SpaceX $12 Mrd.

5. Yelp $2,33 Mrd.

6. YouTube $1,65 Mrd.

7. Yammer $1,2 Mrd.[37]

Nicht einmal Google oder Apple und deren Ex-Mitarbeiter, die neue Start-ups gründeten, können mit diesen Zahlen nur ansatzweise mithalten.

Und die Erfolgsgeschichte der Ex-PayPal-Gründer ist noch nicht zu Ende. Das Netzwerk trägt weiterhin gute Früchte. Reid Hoffmann erklärte erst kürzlich in einem Bloomberg-Interview, wie wichtig ihm die Ratschläge seiner ehemaligen Kollegen sind und wen er jeweils kontaktiert. Demnach fragt er bei Herausforderungen und Themen, bei denen es um »Think Big« geht, Elon Musk, Max Levchin, wenn es um das Thema Big Data geht und Peter Thiel bei makroökonomischen Finanzfragen.[38]

2.5 Ron Conway – der Pate im Valley

Als Venture Capitalist und Business Angel hatte ich das Privileg an dem Y Combinator Demo Day (siehe Kapitel 2.6) teilzunehmen und Ron Conway leibhaftig in Aktion zu sehen. Conway ist ein 63-jähriger bulliger Zwei-Zentner-Typ, der sich mit seinen schlohweißen Haaren durch die Reihen der jungen 20- bis 30-jährigen Start-up-Gründer hindurchbewegt und zeigt, dass dies sein Revier ist, in dem er der große Zampano ist. Ein Vergleich zu Bernie Ecclestone, dem Impresario der Formel-1, drängt sich sofort auf. So zielgerichtet sich Ecclestone vor dem Start eines Formel-1-Rennens durch die stehenden Autos und Fahrer durchbewegt, macht dies Ron Conway bei seinen Gründern und Start-ups. Conway ist der Chef im Ring, ist bis in die Haarspitzen motiviert und konzentriert. Dort wo Conway seine Scheckkarte zückt, ist Erfolg vorprogrammiert!

Ron Conway wird gemeinhin als Pate im Valley bezeichnet. Er hat die Finger bei allen wichtigen Start-ups im Spiel. Marc Andreessen, Co-Gründer der renommierten Venture-Capital-Unternehmung Andreessen Horowitz (A16Z), bezeichnet Ron Conway auch trefflich als »menschlichen Router«. Router sind die technischen Herzstücke des Internets und sind wie Stellwerke bei der Eisenbahn, die die Datenpakete im Internet von A nach B transportieren. Conway stellt nicht nur die Weichen; was ihn attraktiv macht, ist seine Verbindung zu den Reichen und Mächtigen, die ihm in Sachen Geldanlage in Start-ups vertrauen. In Anspielung auf den Dienst Uber nennt man ihn auch den »Uber-connected«-Menschen im Valley in den Bereichen Technologie, Politik und Promis schlechthin. Berühmt sind seine legendären Cocktail-Partys, die er wiederum nutzt, um Geld für die Anlagen in seine favorisierten Start-ups einzusammeln. Zu seinen prominentesten Freunden zählt der Politiker Henry Kissinger, der Ex-Gouverneur von Kalifornien und Schauspieler Arnold Schwarzenegger, der Golfstar Tiger Woods und der Basketball-Star Shaquille O'Neal.

Aber auch zur Politik pflegt Ron Conway gute Kontakte und hat für den aktuellen Bürgermeister von San Francisco rund $600 000 Wahlkampfgelder eingesammelt. Conway engagiert sich auch über die Initiative sf. city stark für den Technologiestandort San Francisco und die Bay Area insgesamt. Seine Nähe zur Politik wird zweischneidend gesehen, da gemunkelt wird, er verschaffe sich für seine Start-up-Beteiligungen Vorteile bei Politikern und Regierungsmitgliedern. Da viele der Start-ups in angestammte Geschäftsfelder regulierter Märkte (Uber bei Taxis, Airbnb bei Hotels) gehen, muss man diese Bedenken ernst nehmen.

Ron Conway begann Mitte der 1990er-Jahre mit der Gründung eines ersten Fonds in Start-ups zu investieren. Er »erfand« die Investmenttechnik »Spray and Pray«, d.h. er investierte in Hunderte von Start-ups auch mit dem Risiko des Totalverlusts. Conway ist aber auch deshalb unter Gründern so angesehen, weil er für seine Start-ups 24 Stunden am Tag zur Verfügung steht. Sein Sohn sagte, dies gehe so weit, dass Conway auch am Weihnachtstag schon Finanzierungen für Start-ups sichergestellt hatte. Conway hat früh in Google investiert und stellte später die Verbindung zu den berühmten Venture-Capital-Gesellschaften Sequoia Capital und Kleiner Perkins her.

Ron Conways Portfolio der bekannten Internetunternehmen umfasst Namen wie Facebook, Twitter, Dropbox, Pinterest, Square, Airbnb, Zappos und Zynga. Mit seinen 63 Jahren kann er es sich auch leisten, mit seinem Verhalten zu kokettieren. Er selbst hält nichts von Facebook- oder Twitter-Postings, hält diese aber für gute Investments, da sie von einer breiten Masse der Bevölkerung genutzt werden.

Der frühere Vorstandsvorsitzende von Compaq Computer, Ben Rosen, der öfters mit Ron Conway bei Investments gemeinsame Sache gemacht hat, bezeichnet ihn als »Facebook der Venture Industrie, bevor es Facebook gegeben hat.«

Conways Notizbuch ist voll von erstklassigen Namen aus dem Banking, der Medienindustrie, Werbung, Handel und der Politik. Dazu gehören auch Stars wie Ashton Kutcher oder will.i.am, die ebenfalls in Conway Fonds investieren. Conways Weg auf die A-Liste der Top Leute im Valley war aber nicht gottgegeben, zumal er als Angel-Investor nur Beträge zwischen $50 000 und $200 000 investieren konnte und damit gegenüber ausgewachsenen Venture-Capital-Unternehmen, die heute bis zu dreistellige Millionenbeträge für ein Investment in die Hand nehmen können, geradezu wie ein Investmentzwerg aussieht.[39]

Ron Conway tätigt seine Investments über die Venture-Capital-Gesellschaft SV Angel (svangel.com). SV Angel konzentriert sich auf Investments in Start-ups, die noch ganz am Anfang stehen, also dort wo das Risiko, aber auch der potenzielle Ertrag am größten ist. Er ist für SV Angel seit 2009 als sogenannter »Special Advisor«, also eine Art herausgehobener Ratgeber tätig. Dabei ist er nicht in das Tagesgeschäft involviert. Er macht sein eigenes »Ding« und ist eine Art »Trüffelschwein«, der seinem Instinkt folgt und ist zuständig für die »Big Points«. Seine Investments tätigt er nach Aussage von SV Angel über dieselben Fonds, wie dies Hunderte von SV-Angel-Anlegern tun. Nichtsdestotrotz sind SV Angel und

Ron Conway Synonyme. Ohne Conway würde SV Angel der Glamour-Faktor fehlen und wären diese Art von Deals nicht möglich.

Ron Conway, der auf ein Vermögen von $1,5 Mrd. geschätzt wird, kann aber auch anders. So wird hinter vorgehaltener Hand im Valley darüber berichtet, wie er Gründer in Telefonaten mit Schimpftiraden überzieht, wenn sie sein Geld verbrannt und die Firma an die Wand gefahren haben. Auch wenn es nicht nach seinen Prinzipien beim Kassemachen, also dem Verkauf von Unternehmen geht, kann es mit ihm schnell hitzig werden.[40]

Es gibt eben verschiedene Wege zum Ziel oder aber den »Conway«, also den Investmentweg über Ron Conway. Business Insider, das bekannte Investmentportal von der Wall Street, brachte es wie folgt auf den Punkt: »Get Conway's money, and the Valley trusts you« (Mit dem Geld von Conway wirst du im ganzen Silicon Valley akzeptiert).[41]

Start-up-Anleger sollten deshalb genau darauf achten, wo Ron Conway investiert, und dort sind weitere prominente Folgeinvestoren wie die Venture Capitalists Andreessen Horowitz und Co. nicht weit. Aktuellstes Beispiel ist der Empfehlungsdienst Product Hunt, gestartet als E-Mail-Dienst. Nachdem das Unternehmen den Internetbrutkasten Y Combinator im Sommer 2014 durchlief, stiegen Ron Conway und Ashton Kutcher ein. Nur wenige Wochen später setzte Marc Andreessen mit Andreessen Horowitz eins drauf und führte eine neue Investorenrunde über $6 Mio. an, die in das weitere Wachstum von Product Hunt geht. Conway und Andreessen machten wieder mal gemeinsame Sache.

2.6   Paul Graham – Y Combinator, der Brutkasten für Nerds

»Wir haben Massenproduktionsmethoden für die Wagnisgeldbranche erfunden«, erklärte Paul Graham die Funktionsweise von Y Combinator in einem Gespräch mit dem *Manager Magazin* 2013.[42] Paul Graham, Anfang 50, ist in Kleidung und Habitus nicht von den jungen Gründern, die seinen Y Combinator Brutkasten durchlaufen, unterscheidbar. Seine khakifarbenen

Shorts, kombiniert mit T-Shirt und Sandalen sind legendär. Graham ist eine vielschichtige Persönlichkeit. Er hat nicht nur einen Hochschulabschluss und Doktor der Informatik der Harvard University, sondern auch einen Abschluss an den Kunstakademien von Rhode Island und Florenz. Graham ist Praktiker und Theoretiker in einem. Graham kennt das Computer- und Start-up-Business wie kein Zweiter. Als 1995 das Internet durch den ersten Browser von Netscape an Popularität gewann, hatte er zusammen mit einem Freund die Idee, eine standardisierte Onlinesoftware anzubieten, mit der man seinen eigenen E-Commerce-Shop bauen kann.

Bei dieser Idee waren gleich drei Dinge revolutionär:

1. Die Software war von Beginn an ein reiner Onlinedienst und keine separate Software zum Installieren auf dem eigenen Rechner.

2. E-Commerce als Geschäftszweck (1995 konnte man sich nicht vorstellen, dass der Onlinekauf von Produkten zu einem Massenphänomen wird)

3. eine standardisierte Software für den Bau eines kompletten Onlineshops inklusive Zahlungsabwicklung

Graham baute dabei auf seine Erfahrungen als Programmierer der eher exotischen Programmiersprache Lisp. Die Programmiersprache ist eine der Ältesten und wurde am berühmten Massachusetts Institute of Technology (MIT) entwickelt. Lisp gilt als die »Über«-Programmiersprache und wird gemeinhin auch als »programmierbare Programmiersprache« bezeichnet. Seine Liebe zu dieser Programmiersprache manifestierte sich auch in zwei Büchern, die er darüber schrieb. Wer als Programmierer Lisp beherrscht, wird unter den echten Nerds und Freaks hochgeachtet.

Mit seinem Start-up Viaweb durchlief er alle Höhen und Tiefen, die man sich mit einem Start-up vorstellen kann. Als 1998 sich Yahoo für Viaweb interessierte, um Viaweb in das Yahoo-Angebot zu integrieren, zögerte Graham nicht und verkaufte das Unternehmen an Yahoo. Im Anschluss war er noch für Yahoo als Manager tätig, zog sich dann aber zurück und überlegte, ob er ein neues Start-up gründen sollte. Graham merkte dann aber schnell, dass er sich physisch und psychisch nicht mehr dem Druck, ein neues Start-up hochzuziehen und dafür die komplette Verantwortung zu tragen, aussetzen wollte. Er wollte aber sein Wissen und seinen Erfahrungsschatz an Gründer und Start-ups weitergeben und daraus ein neuartiges Geschäftsmodell machen. Dabei wusste er, dass dies nur im Silicon Valley funktionieren würde, er gleichzeitig aber schnell sein musste, um sich einen Namen und Reputation zu erarbeiten. Der abschließende Impuls zur Gründung von Y Combinator kam, nachdem seine Frau Jessica Livingston sich bei einer Bostoner Venture-Capital-Firma bewarb und ewig lange auf eine Rückmeldung wartete. Graham riss der Geduldsfaden und er sagte zu seiner Frau Jessica »Lass uns unser eigenes Ding starten.« Graham und Livingston haben zahlreiche Ideen von Harvard adaptiert, was Y Combinator den Ruf als »Harvard für Start-up-Brutkästen« einbrachte. So starteten die beiden mit einem Dreimonatszyklus im Sommer, der sich an den Sommerferien amerikanischer Unis orientierte. Dementsprechend bekamen sie für Y Combinator gleich Hunderte von Bewerbungen. Genau von der Zielgruppe, die Graham als Gründer auch für sehr interessant hält: Junge hungrige Studenten oder Absolventen, ausgestattet mit den neuesten Programmierkenntnissen, ohne Familie, ohne Verpflichtung, nur fokussiert auf ihre Idee, die sie sieben Tage die Woche verfolgen.[43]

Die drei Paul-Graham-Erfolgsfaktoren für ein erfolgreiches Start-up-Investment

1. Die Idee der Airbnb-Gründer fanden er und sein Investmentteam zuerst nicht interessant, sie fanden aber die Gründer sehr spannend. Sie präsentierten sich sehr überzeugend und energiegeladen und als sie ihre Geschichte erzählten, dass ihnen eigentlich das Geld für Airbnb ausgegangen war und sie zur Geldbeschaffung selbstgestaltete Frühstückstüten mit dem Konterfei von Obama und dem Herausforderer McCain im amerikanischen Präsidentschaftswahlkampf produzierten und für $30 000 verkauften, wusste Graham, dass diese Jungs alles tun würden um ihr Start-up zum Erfolg zu führen.

2. Fokus, Fokus, Fokus. 100%ige Fokussierung auf das Produkt und die Produktentwicklung. Die Liebe zum eigenen Produkt schafft den Erfolg und die Glaubwürdigkeit, damit es ein Erfolg bei Kunden wird.

3.   Klein anfangen, aber mit intensivem Esprit. Wissen, wer die Nutzer
     sind, mit ihnen in einen intensiven Dialog treten, von ihnen lernen,
     sich auf sie fokussieren, bis hin mit ihnen eine Party zu feiern. Dann
     baut sich eine Vertrautheit zum Produkt auf, die es mit Apple aufneh-
     men kann.[44]

Wer mehr über Paul Graham erfahren möchte, kann seine persönlichen
Essays auf paulgraham.com lesen. Sehr empfehlenswert ist sein Buch *Hackers & Painters*, worin er die Gemeinsamkeiten von Kunstmalern und echten Programmierern als Hacker beschreibt.[44]

2.7   Andy Bechtolsheim – der Deutsche im Valley

Investieren kann so einfach sein: Man schaut auf seine eigenen Be-
dürfnisse und überlegt, ob es dazu ausreichend gute Lösungen gibt. So
oder so ähnlich erging es Andreas von Bechtolsheim oder kurz Andy
Bechtolsheim.

Bechtolsheim gehört neben den SAP-Gründern zu den prägenden Deutschen im Computerbusiness der vergangenen 35 Jahre. Andy Bechtolsheim saß an einem Morgen im Jahr 1998 mit den beiden Stanford-Dok-
toranden Sergey Brin und Larry Page zusammen. Die beiden hatten eine
völlig neue Suchmaschine erfunden und waren bis zu diesem Zeitpunkt
bei Venture-Capital-Investoren abgeblitzt, da es zu diesem Zeitpunkt mit
Yahoo und Altavista schon etablierte und an der Börse erfolgreiche Suchmaschinen gab. Brin und Page benötigten aber dringend Geld, um ihr
Start-up weiter voranzutreiben. Bechtolsheim gefiel die Demo der neuartigen Suche, die dem Anwender Suchergebnisse nach Relevanz geord-
net anzeigte, sehr gut, da es sein eigenes Problem der Suche nach relevanten Dingen im Internet löste. Da er zeitlich unter Druck war und
zu einem Folgetermin musste, stellte er Brin und Page augenblicklich
einen Scheck über $100 000 aus, obwohl das Unternehmen Google for-
mal noch gar nicht gegründet war. Bechtolsheim geht damit als erster
Investor von Google in die Geschichtsbücher ein. Der $100 000-Scheck,
ausgestellt auf »Google Inc.«, konnte von Brin und Page zunächst noch
gar nicht eingelöst werden, da Google noch nicht gegründet war. So ergab

sich an diesem Morgen nicht nur die erste Finanzierung, sondern es manifestierte sich der Name Google durch den ersten Scheck. Zum Börsengang 2004 wurden aus den $100 000 rund $500 Mio. und nach Marktwert in 2014 circa $3,7 Mrd. Sagt man Deutschen nach, sie würden nur in Sparbücher investieren, so ist Andy Bechtolsheim ein leuchtendes Beispiel des Gegenteils.

In einem späteren Interview betonte Bechtolsheim, dass er die Suche als sehr, sehr wichtig ansah, aber das dahinterliegende Geschäftsmodell mit der Werbung und deren hohe Skalierung unterschätzte. Die $100 000-Investition in Google war für ihn nach eigener Aussage die beste Geschäftsentscheidung in seinem Leben.

Andy Bechtolsheim ist in Bayern in der Nähe von Lindau aufgewachsen und hatte schon in der Schule ein Faible für Elektronik und Computer entwickelt. Bereits mit 16 entwickelte er sein erstes Mikroprozessor System mit der damals neuesten Intel 8080 CPU. Mit den Einnahmen daraus konnte er seine Ausbildung weitestgehend bezahlen. 1974 gewann er mit 18 Jahren den »Jugend-forscht«-Bundespreis für Physik. Er studierte an der TU München zwei Jahre Elektrotechnik mit Zielrichtung Datenverarbeitung, aber der damalige Lehrplan hatte nahezu nichts mit Computern zu tun und sein neues Ziel war, in den USA Computer Engineering zu studieren.

Ein Fulbright-Stipendium im Jahr 1975 für die USA ebnete ihm schließlich den Weg in das »gelobte Land«. Im Alter von 20 Jahren machte er an der Carnegie Mellon Universität seinen Master und im Jahr 1977 wechselte er an die Stanford Universität in das Doktorandenprogramm für Elektrotechnik und Computer Science.

Bechtolsheim war fasziniert von den Möglichkeiten im Silicon Valley, der hohen Dynamik, aber auch der Risikobereitschaft der Investoren, in neue Technologien und Unternehmen zu investieren. Ähnlich wie Steve Jobs elektrisierte ihn schließlich ein Besuch der Forschungslabors im Xerox Parc in Palo Alto. Dort sah er das erste Mal einen Tischcomputer mit grafischer Benutzeroberfläche und Maus. Der Rechner trug den Namen »Alto« und war für Bechtolsheim der erste echte Personal-Computer. Xerox wollte dieses Gerät aber nicht auf den Markt bringen und daraus ein kommerzielles Produkt machen.

Bechtolsheim, immer noch Doktorand in Stanford, entwickelte daraufhin eine Rechnerarchitektur, welche die Basis für eine neue Rechnerklasse, sogenannte Workstations, werden sollte. Leistungsfähige Rechner, die für Ingenieure, Softwareentwickler und Wissenschaftler gedacht waren. Zusammen mit den beiden Stanford-Studenten Vinod Khosla und Scott Mc-Nealy sowie mit Bill Joy von der Berkeley Universität gründete Bechtolsheim 1982 das Computerunternehmen SUN. Die drei Buchstaben SUN stehen für »Stanford University Network«. SUN wurde innerhalb kürzester Zeit zum führenden Workstation Unternehmen weltweit. Bereits 1988 erzielte das Unternehmen einen Umsatz von $1 Mrd. und verkaufte bereits 1993 den einmillionsten Computer.

Timing ist nach Aussage von Bechtolsheim eine der wichtigsten Komponenten, wenn es darum geht, aus einer Idee ein erfolgreiches Unternehmen zu kreieren. Folgerichtig brach er damals sein Doktoratsstudium ab und wurde zum technologischen Kopf von SUN.

SUN war in den 90er-Jahren bis zur Jahrtausendwende der führende Anbieter von Workstations und Serverlieferant für das boomende Internet. Alle führenden Internet-Unternehmen setzten als Server SUN Workstations ein. Dazu erfand SUN die Programmiersprache JAVA, die Plattformunabhängigkeit versprach, d.h. dass sie auf allen Computern einheitlich lief, ob Apple-, Windows- oder UNIX-Geräte. Das Platzen der Dotcom-Blase und die damit verbundene tiefe Rezession im Silicon Valley Anfang des neuen Jahrtausends führte auch bei SUN zu großen Einschnitten. Das Unternehmen erholte sich nie mehr davon und sah sich zunehmender Konkurrenz ausgesetzt. Unternehmen wie Google und Facebook setzen statt auf einzelne hochgezüchtete Workstations auf günstige Rechner, die wie Rechenknechte zu ganzen Rechnerfarmen zusammengeschaltet werden. Schließlich wurde SUN für rund $8 Mrd. in 2010 von Oracle übernommen.

Bechtolsheim hat zu seiner Stanford-Zeit auch maßgeblich zur Gründung des Netzwerkgiganten Cisco beigetragen. Auf Basis einer von

Bechtolsheim entwickelten Computer-Platine entstand die sogenannte »Blue Box«. Ein Vorläufer eines Internet-Routers, mit dem es erstmalig möglich war, dass sich verschiedenartige Computer über ein Netzwerk verbinden ließen und kommunizieren konnten. Die Mitglieder der »Blue Box« Gruppe gründeten aus Stanford heraus das Unternehmen Cisco. Den Namen leiteten sie von San Francisco ab.

Bechtolsheim ist nicht nur einer der erfolgreichsten Business Angels, wie das Beispiel Google zeigt. Er gilt auch als einer der erfolgreichsten Seriengründer. Nach seiner SUN-Zeit gründete er das Netzwerkunternehmen Granite Systems, welches sogenannte Hochgeschwindigkeits-Switches für Netzwerke herstellt. Er verkaufte es an Cisco und war dort auch über mehrere Jahre im Management tätig.

Sein Faible gilt dem Cloud Computing. Darin sieht er den größten Umbruch in der IT-Welt. Schon sein altes Unternehmen SUN warb in den 1990er-Jahren mit dem Slogan »The Network is the Computer«. Rechenleistung wandert in gigantische Rechenzentren, auf denen die Programme für die Anwender laufen. Gleichzeitig gibt es durch Smartphones, Tablets und sogenannte Wearable-Geräte wie die iWatch von Apple ein explosionsartiges Wachstum an Endgeräten.

Bechtolsheim erkannte den Trend wieder zum genau richtigen Zeitpunkt. Nur mit eigenem Geld aus seinem Google-Aktienbestand gründete er 2004 das Netzwerk-Unternehmen Arista, welches Hochleistungsnetzwerke für Cloudbasierte Rechenzentren liefert. Auch hier bewies er wieder einen sehr guten Riecher. Arista ist eines der wachstumsstärksten und profitabelsten neuen Netzwerkunternehmen. Und ein Unternehmen, das echte physische Produkte herstellt, was im Silicon Valley heute durch die starke Software- und Internetprägung keine Selbstverständlichkeit ist. Arista beliefert die großen Rechenzentren von sechs der sieben größten Cloud-Firmen. Aber auch die gesamte Finanz- und Börsenindustrie, bei der es auf absolute Geschwindigkeit ankommt, Stichwort Hochfrequenzhandel.

Bechtolsheim ist Aufsichtsratsvorsitzender von Arista und »Chief Development« Officer« und damit für die Produktentwicklung verantwortlich. Arista hatte trotz volatiler Börsenmärkte im ersten Halbjahr 2014 einen sehr erfolgreichen Börsengang. Der Kurs stieg gleich am ersten Tag um 28 Prozent. Arista nahm beim Börsengang $226 Mio. ein und ist bereits sehr profitabel. Bei Umsätzen in 2015 in Höhe von $837 Mio. erzielte Arista ein Ergebnis von $121,1 Mio. Das weitere Wachstum kann eigentlich aus dem Cashflow finanziert werden.

Bechtolsheim wäre aber nicht Bechtolsheim: Seine Begründung für den Börsengang war die Tatsache, dass er selbst nicht Kasse machen wollte, sondern seinen Mitarbeitern, die fast zehn Jahre am Aufbau von Arista gearbeitet hatten, eine Chance zur Monetarisierung ihres Erfolgs geben wollte. Arista adressiert einen Markt, der bis 2017 eine Größenordnung von $12 Mrd. erreichen soll.

Bechtolsheim verfügt nach der aktuellen Forbes-Liste über ein Vermögen von circa $4 Mrd. Geld ist für ihn aber kein Antriebsfaktor. Ihn interessiert nur seine Arbeit, Probleme zu lösen, morgens aufzustehen, seinen Geist zu fordern und geistig fit zu bleiben.

Bechtolsheim hat im Rahmen einer Vorlesung an der Stanford Universität unter dem Titel »Der Innovationsprozess« die Erfolgsfaktoren für erfolgreiche Start-ups zusammengefasst sowie die Ursachen, warum Start-ups scheitern. Diese kann man sich als Maßstab für erfolgreiche Investments in Start-ups und Technologieunternehmen auch persönlich zurechtlegen. Ähnlich wie bei Warren Buffett sind seine Prinzipien recht simpel, aber erfordern trotzdem ein hohes Maß an Wissen und Disziplin:

Fünf Gründe für das Scheitern von Start-ups

➤ die Idee ist zu früh

➤ die Idee ist zu spät

➤ die Idee ist nicht relevant

➤ die Idee ist zu teuer

➤ die Idee ist ohne klaren Nutzen

Es kommt also darauf an »das richtige Problem zu lösen«. Wenn man also »nicht zu früh oder zu spät am richtigen Kundenversprechen arbeitet, dann sind Start-ups in der Regel erfolgreich«.[45]

2.8 Sand Hill Road – die Wall Street im Silicon Valley

Die Wall Street in New York gilt als Inbegriff des Kapitalismus und der weltweiten Aktienbörsen. Das Gegenstück dazu, das Zentrum für Venture Capital und für die Finanzierung junger Start-up- und Technologieunternehmen, ist an der Westküste mitten im Silicon Valley in Menlo Park die Sand Hill Road. Entlang der exklusiven Straße sind praktisch alle wichtigen Risikokapitalgeber aufgereiht. Die Sand Hill Road liegt strategisch günstig nur einen Steinwurf gegenüber der Stanford Universität. Auf kurzem Wege lassen sich so schnell Finanzierungen für neue Ideen umsetzen. Das Silicon Valley hätte niemals den wirtschaftlichen Erfolg und die weltweite Strahlkraft gehabt, wenn es nicht die Risikokapitalgeber geben würde, die ständig auf der Suche nach Innovationen und dem nächsten »Big Thing« wären. Dieser nicht enden wollende Hunger nach dem nächsten Google oder dem nächsten Facebook elektrisiert das ganze Umfeld. Die Sand Hill Road und ihre Finanziers sind das Schmiermittel und der Strom, um das Silicon Valley dauerhaft leuchten zu lassen.

Die Venture Capitalists und die Sand Hill Road geben sich grundsätzlich ein anderes Image als die Wall-Street-Banker. Während man heute die Wall-Street gemeinhin mit dem schnellen Geld durch das Handeln von Aktien (manifestiert durch den sogenannten Hochfrequenzhandel) und die risikoreichen Hedge Fonds verbindet, gibt man sich an der Westküste intellektuell tiefgründiger und sieht sich als den Innovationsmotor der USA und der Welt.

Die Risikokapitalgeber der USA profitieren von einer hohen Nachfrage privater wie staatlicher Pensionskassen, Fondsgesellschaften, Universitätsfonds, aber auch von Hedge Fonds, die einen nicht unerheblichen Anteil ihres Anlagevolumens in den Bereich Venture Capital investieren. Hier haben es die USA eindeutig besser, im Gegensatz zu europäischen oder gar deutschen Pensionskassen. Aufgrund regulatorischer Vorschriften gibt es in Deutschland praktisch kein Risikokapital, das von Pensionskassen zur Verfügung gestellt wird. Die »German Angst« vor einem finanziellen Verlust schreckt Pensionskassen zudem vor solchen Investments ab. Besser kein bzw. wenig Risiko eingehen, um sich den Anlageruf nicht zu ruinieren.

Doch zurück in die USA und in die Sand Hill Road. Dort wo alle wichtigen Risikokapitalgeber wie an einer Perlenschnur aufgereiht sind. Mittlerweile gesellen sich dazu auch renommierte Anlagefonds der Ostküste, die aufgrund des Anlagenotstands und der niedrigen Zinsen häufig dreistellige Millionenbeträge in die Wachstumsfinanzierung von Silicon-Valley-Unternehmen investieren, meist mit dem Fokus, noch vor einem geplanten Börsengang einzusteigen, um somit von einer höheren Wertsteigerung zu profitieren.

Nach einer Erhebung des führenden Datenanbieters für Venture Capital Investments, CB Insights, wurden im Jahr 2014 insgesamt $47,3 Mrd. Venture Capital in USA investiert. Der Löwenanteil mit $26,8 Mrd. floss nach Kalifornien ins Silicon Valley.

Im Vergleich dazu sind die europäischen Beträge bescheiden, zeigen aber ansteigende Tendenz. CB Insights vermeldete 2014 für Europa Venture Capital Investments in Höhe von $5,7 Mrd., was einem Wachstum von 78% gegenüber 2013 entspricht. Allein in deutsche Technologiefirmen flossen $1,28 Mrd. gegenüber $578 Mio. im Vorjahr 2013. Das international erfolgreiche und vielbeachtete deutsche Start-up Delivery Hero vereinnahmte davon $523 Mio.[46] Kennzeichnend für das Silicon Valley sind zunehmend größere Finanzierungsvolumen pro Technologieunternehmen. 24 der 50 größten Finanzierungen in 2014 lagen über $100 Mio. Dazu gehörten Investitionen in bekannte Unternehmen wie Uber, Dropbox und Airbnb.[47] Das Ringen um die besten Deals wird härter. Neben den alteingesessenen Venture-Capital-Unternehmen wie Kleiner Perkins drängen nun die Großanleger der Wall Street wie die Private-Equity-Firmen T. Row Price, Black Rock, und Fidelity Investments aber auch die kapitalstarken Venture-Capital-Fonds von Internetunternehmen wie Google Venture und Salesforce hinzu.

In den folgenden Abschnitten wollen wir uns diese drei Gruppen von Venture-Capital-Unternehmen und ihre Zielvorstellungen näher anschauen.

Kleiner Perkins Caufield & Byers

Kleiner Perkins Caufield & Byers (KPCB) wurde 1972 von Eugene Kleiner, einem der acht Fairchild-Gründer, und Tom Perkins, einem früheren HP Manager, als Partnerschaft gegründet. Später kamen die beiden Partner Frank Caufield und Brook Byers dazu, was zu dem Namen Kleiner Perkins Caufield & Byers führte. Venture-Capital-Unternehmen im Silicon Valley tragen in der Regel die Namen ihrer Gründer und Partner im Firmennamen. Kleiner Perkins ist nach wie vor mit Abstand das bekannteste und renommierteste Venture-Capital-Unternehmen im Silicon Valley. Die beiden Gründer Eugene Kleiner und Tom Perkins prägten mit ihrem Industriehintergrund von Fairchild und HP die Ausrichtung von Kleiner Perkins als Venture-Capital-Unternehmen, das den Start-ups nicht nur Geld, sondern auch ein aktives Sparring beim Aufbau ihres Geschäfts bietet. Kleiner Perkins investiert sowohl in den Frühphasen (Seed) als auch in späteren Phasen (Later Stage). Man fokussiert sich auf Unternehmen, die dann eine ganze Branche dominieren. Durch den Netzwerkeffekt, dass der Gewinner alle Anwender vereint, bedeutet dieser Investmentansatz die höchsten Gewinne. Der zunehmende Einfluss der Technologieunternehmen in regulierte Märkte wie Finanzen, Gesundheit und Datenschutz hat Kleiner Perkins dazu bewogen, ehemalige Regierungsmitglieder und Politiker wie den früheren US-Außenminister Colin Powell oder den Präsidentschaftskandidaten der Demokraten Al Gore zu Beratern oder Partnern zu machen.

Die Erfolgsgeschichte von Kleiner Perkins ist verbunden mit den Top-Adressen im Silicon Valley. Zu den erfolgreichsten Investments gehören sicherlich Google, Amazon und Netscape. KP investierte 1999 zusammen mit dem ebenfalls sehr bekannten Risikokapitalunternehmen Sequoia Capital $25 Mio. in Google für 20% der Aktien. Kein schlechtes Geschäft, wenn man bedenkt, dass Google mit einer Marktkapitalisierung von über $300 Mrd. zu den wertvollsten Unternehmen der Welt gehört. Kleiner Perkins war aber auch an der Gründungsfinanzierung von Amazon.com und Netscape beteiligt, die durch den frühen Einstieg ebenfalls Wertsteigerungen von 25 000% bei Netscape und über 50 000% bei Amazon.com boten.

Zu den bekanntesten Investments von KP zählen Amazon.com, America Online, Compaq, Electronic Arts, Flextronics, Genentech, Google,

Intuit, Lotus Development, LSI Logic, Macromedia, Netscape und SUN Microsystems.

Kleiner Perkins erkannte auch als einer der ersten Risikokapitalfonds die wirtschaftliche Bedeutung des iPhones und gründete im Jahr 2008 extra einen eigenen iFund, mit $100 Mio. ausgestattet, speziell für Investitionen in Unternehmen, die sich mit der iPhone-Plattform von Apple beschäftigen.

Herausragende Galionsfigur von KP ist John Doerr. Sein Name spiegelt sich zwar nicht im Firmennamen wider, er ist aber allgegenwärtig im Silicon Valley. Auf der Suche nach neuen Start-up-Investments war er in den 1980er-, 1990er- und frühen 2000er-Jahren mit einem eigenen Minivan unterwegs, ausgestattet mit mehreren Laptops und Mobiltelefonen. Sein Ruf als Dealmaker ist legendär und ohne Zweifel ist er der aktivste Venture Capitalist im Silicon Valley.[48]

Draper Fisher Jurvetson

Draper Fisher Jurvetson, gemeinhin bekannt unter dem Kürzel DFJ, wurde 1985 von Timothy (Tim) Draper, John Fisher und Steve Jurvetson gegründet. DFJ konzentriert sich auf Frühphaseninvestments (Early Stage) und ist damit sehr erfolgreich. DFJ verwaltet ein Vermögen von rund $7 Mrd., verteilt über zahlreiche Fonds. Im Gegensatz zu anderen Venture-Capital-Gesellschaften im Silicon Valley, die nur im Umkreis von 100 Kilometern investieren, ist DFJ mit seinen Fonds international ausgerichtet. Es existieren Risikokapitalfonds mit dem DFJ Brand unter anderem für die Länder Südkorea, China (Schanghai), England (London), Israel (Tel Aviv) und Russland (Moskau). DFJ investiert in Gründer, die die Welt verändern wollen. Nicht umsonst ist DFJ einer der Hauptinvestoren in Unternehmen von Elon Musk, der mit Tesla, SpaceX und SolarCity gleich drei Wirtschaftszweige grundlegend verändern möchte.

Das Gesicht nach außen und Repräsentant von DFJ ist Tim Draper. Mittlerweile eine Legende im Valley und immer für einen provokanten Spruch oder These zu haben. Er gilt als einer der Befürworter einer Aufspaltung des Bundesstaats Kalifornien in zahlreiche einzelne Teilbundesstaaten. Er plädiert für eine Unabhängigkeit des Silicon Valley als eigenständiger Bundesstaat, um neue Infrastrukturinvestitionen schneller voranzutreiben. Er ist der Meinung, dass das Silicon Valley zwar der Zahlmeister von Kalifornien ist, aber dass die Anliegen des Valley viel zu wenig im Bundesstaat Gehör finden.

Kommt man mit Tim Draper persönlich ins Gespräch, denkt man aufgrund seiner jovialen Art nicht daran, dass er diszipliniert und gewissenhaft seit einem Vierteljahrhundert an den größten und erfolgreichsten Venture-Capital-Deals arbeitet. Auf einem Y Combinator Demo Day habe ich ihn gesehen und mich auch mit ihm unterhalten. Er erinnert eher an einen Moderator oder Comedian von beliebten US-Talkshows.

Tim Draper kommt aus einer Venture-Capital-Familie und ist Venture Capitalist in der dritten Generation. Sein Großvater General William H. Draper jr. war Staatssekretär beim amerikanischen Militär und nach dem zweiten Weltkrieg an führender Position mit der Umsetzung des Marshall-Plans für Deutschland und Japan beschäftigt. William Draper hatte bei seinen Venture-Capital-Aktivitäten in den 1950er-Jahren bereits Zugang zu Geldern der wohlhabenden Rockefeller-Familie und der feinen Privatbank Lazard Frères.

Zu DFJ's besten Venture-Capital-Investitionen zählen die chinesische Suchmaschine Baidu, der E-Mail-Dienst Hotmail (aufgekauft durch Microsoft) und der Internettelefondienst Skype (ebenfalls aufgekauft durch Microsoft).

Draper Fisher Jurvetson ist aber auch an den aktuell interessantesten Silicon-Valley-Technologieunternehmen beteiligt, wie z.B. an dem Elektroautohersteller Tesla Motors, den Cloud-Computing-Unternehmen SugarCRM und box, an dem Raumfahrtunternehmen SpaceX, dem Solarunternehmen SolarCity und dem Smartwatch-Unternehmen Pebble.

Draper machte in der Start-up-Szene kürzlich durch die Gründung seiner Draper University of Heroes (Helden) wieder mal von sich reden. Er mischt dabei die Gründer- und Inkubationsszene neu auf. Das Konzept der Draper University unterscheidet sich stark von anderen Inkubatoren. Statt zu programmieren und das Start-up voranzubringen, wird mehr am eigenen Ego gearbeitet. Die jungen Leute sollen sich daran gewöhnen groß zu denken, sich wichtig zu nehmen und das Feiern nicht zu vergessen. Dabei soll auch der Spaßfaktor nicht zu kurz kommen: Morgendliches Yoga gehört ebenso dazu wie ausgedehnte Poolpartys.

Tim Draper hat dabei auch schon seine Kinder und damit die vierte Generation Draper im Venture-Capital-Geschäft im Blick. Drei seiner vier Kinder, Jesse, Adam und Billy, treten schon in seine Fußstapfen. Jesse produziert die beliebte »Valley Girl Show«, Adam ist Mitgründer der Firma Xpert Financial und Billy ist Gründer des Start-ups Mobber.net.

Andreessen Horowitz

Marc Andreessen hat dem heutigen Internet, besser bekannt unter dem Kürzel »www« zum Durchbruch verholfen. Erfunden wurde das »www«, also World Wide Web, von Tim Berners Lee, einem Physiker und Informatiker 1989. Berners Lee war zu dieser Zeit am Kernforschungszentrum CERN in Genf. Er suchte nach einer Lösung, um wissenschaftliche Dokumente der unterschiedlichen Standorte des CERN über eine einfache Oberfläche zugänglich zu machen. Berners Lee entwickelte die Seitenbeschreibungssprache HTML (Hypertext Markup Language), entwickelte den ersten Webserver und Browser und verknüpfte die HTML-Dokumente durch Hyperlinks.

Für den kommerziellen Durchbruch bedurfte es aber Marc Andreessen, einen jungen Informatiker, der am National Center for Supercomputing Applications (NCSA) den ersten kommerziellen Internet-Browser (Mosaic Browser) entwickelte. James Clark, Mitgründer von Silicon Graphics, wurde 1994 auf Andreessen aufmerksam und gründete mit ihm zusammen Netscape. Netscape ging innerhalb eines Jahres an die Börse und war das erste echte Internetunternehmen. Netscape und sein Netscape-Navigator-Browser zusammen mit dem jungen Informatik-Genie Marc Andreessen waren der neue Glamour-Faktor in der IT-Welt und wurden als das neue Microsoft gefeiert.

Netscape wuchs explosionsartig und erzielte nach den ersten drei Jahren bereits Umsätze in dreistelliger Millionenhöhe, war allerdings nie profitabel. Bill Gates von Microsoft reagierte und erklärte Netscape den Krieg. Er vertrieb deshalb den konkurrierenden Microsoft Internet Explorer kostenlos und packte ihn zum Windows-Betriebssystem automatisch dazu. Damit schmolzen die Marktanteile, aber auch Umsätze von Netscape wie Schnee in der Sonne dahin. Netscape wurde schließlich für $4 Mrd. an AOL verkauft, das Unternehmen hat heute keinerlei Bedeutung mehr. Marc Andreessen lernte mit Netscape das gesamte Handwerkszeug des Venture-Capital-Geschäfts kennen. An seiner Seite bei Netscape war Ben Horowitz, er verantwortete die Webserver-Sparte, welche den größten Umsatzträger bei Netscape darstellte.

Andreessen und Horowitz zusammen gründeten mitten im Dotcom-Boom 2000 mit Loudcloud das erste Cloud-Software-Unternehmen. Andreessen war Aufsichtsratschef und Horowitz als Geschäftsführer für das Tagesgeschäft und die Umsetzung der Strategie verantwortlich. Das neue Unternehmen verbrannte viel Geld und gleichzeitig platzte die Dotcom-Blase. Horowitz musste gegensteuern, stand immer finanziell mit dem Rücken zur Wand. Ihm gelang es schließlich das Unternehmen 2007 für $1,6 Mrd. in bar an Hewlett Packard zu verkaufen. Ben Horowitz hat über seine bisherigen Erfahrungen mit Start-ups das beeindruckende Buch *The hard thing about hard things* geschrieben.[49]

Gestählt durch die unternehmerischen Aktivitäten gründeten Marc Andreessen und Ben Horowitz just auf dem Höhepunkt der Finanzkrise 2008/2009 ihr Venture-Capital-Unternehmen Andreessen Horrowitz (A16Z). Also zum schwierigsten Zeitpunkt, um Geld für neue risikobehaftete Unternehmen einzusammeln. Ihnen gelang es aufgrund ihrer legendären Reputation aus dem Stand $300 Mio. einzusammeln. Nach zwei Jahren hatten sie bereits $1,2 Mrd. und in 2014 bereits $4 Mrd. Anlagegelder in der Verwaltung.

Andreessen Horowitz machte sich gleich einen Namen durch den Ankauf von Skype-Anteilen von eBay. Zwei Jahre später konnte Skype dann für sage und schreibe $8 Mrd. an Microsoft verkauft werden. A16Z engagierte sich zudem auch bei Twitter vor deren Börsengang. Das Leitmotiv für A16Z wurde von Marc Andreessen in einem Beitrag für das *Wall*

Street Journal unter dem Motto »Software is eating the world« ausgerufen. Konsequent investiert A16Z in Internet(Software-) Unternehmen, die eine Branche komplett umkrempeln und revolutionieren können. Die Amerikaner sprechen in diesem Zusammenhang von sogenannten »disruptiven« Geschäftsmodellen. A16Z konzentriert sich bei Investments mittlerweile auf Unternehmen, die bereits einen nachhaltigen Erfolg am Markt erzielt haben. Meist sogar Unternehmen, die bisher kein Venture Capital erhalten und mit eigenen Umsatzerlösen das Wachstum finanziert haben. Die Amerikaner sprechen in diesem Fall von »bootstrap«, also sich selbst helfen bzw. eigenfinanziert sein.

Zu den aktuell bekanntesten Investments zählen die Bettentauschbörse Airbnb, das Cloudsoftware-Unternehmen box, das Bitcoin-Unternehmen coinbase, die Bezahl-App Dwolla, das Facebook für Programmierer GitHub, das Fitnessarmband Jawbone, der Fahrdienst Lyft, der Bilderdienst Pinterest und die vom Ex-Googler und Deutschen Sebastian Thrun gegründete Online-Universität Udacity.

Kennzeichnend für die Investments von A16Z ist, dass sie sich in den einzelnen Wirtschaftsbereichen in das führende Internetunternehmen einkaufen, meist mit zwei- bis dreistelligen Millionensummen. Die Start-ups können sich dabei nicht nur auf die Geldschatulle von A16Z.com verlassen, nein, sie haben auch Zugriff auf den Ressourcenpool von A16Z.com. A16Zcom unterstützt seine Unternehmen mit hochqualifizierten Beiräten und verfügt über eine Datenbank mit den besten Entwicklern, Designern und Business-Leuten, die nur auf einen Anruf von A16Z warten, um für ein neues Start-up zu arbeiten. Viele Deals mit den Gründern laufen auch nur deshalb, weil Marc Andreessen und Ben Horowitz ein fast nicht zu überbietendes Standing im Valley haben. Ein Valley-Gründer, der von A16Z.com finanziert wurde, hat dies mir gegenüber im persönlichen Gespräch so ausgedrückt: »Sie ziehen dich komplett aus und nageln dich ans Kreuz wie Jesus. Wenn du es aber überstanden hast, dann unterstützen sie dich bedingungslos.« Zu den Beiräten zählen z.B. Steven Sinofsky, früher bei Microsoft für Windows 8 verantwortlich, oder Laurence Summers, früherer Finanzminister der USA.

Marc Andreessen sitzt zudem in den Aufsichtsräten von Hewlett Packard und Facebook und hat damit den direkten Austausch und Zugriff auf die bedeutenden Manager im Valley. Im Falle von Facebook konnte er so in 2014 die Firma Oculus, die Virtual-Reality-Datenhelme herstellt, für rund $2 Mrd. an Facebook verkaufen. Der Deal wurde im Endeffekt zwischen Mark Zuckerberg und Marc Andreessen direkt durchgezogen. Investmentbanken wie in der klassischen Industrie als Berater üblich, sind hier außen vor.

Fondsgesellschaften und Private-Equity-Unternehmen

Die historisch niedrigen Zinsen und der damit verbundene Anlagenotstand führt dazu, dass immer mehr klassische Fondsgesellschaften und Private-Equity-Unternehmen der New Yorker Ostküste Niederlassungen im Silicon Valley eröffnen. Ein weiterer gewichtiger Grund ist die Tatsache, dass viele der interessanten und wachstumsstarken Technologieunternehmen viel später oder gar nicht an die Börse gehen. Die Unternehmen der ersten Internetwelle zwischen 1995 und 2000 wie Netscape, Yahoo und eBay sind bereits ein bis drei Jahre nach Gründung an die Börse gegangen. Aktieninvestoren konnten dementsprechend frühzeitig einsteigen und über einen längerfristigen Zeitraum hohe Wertsteigerungen erzielen. Dies ist nun für börsennotierte Fondsgesellschaften oder Private-Equity-Firmen nicht mehr möglich: Potenzielle Börsenkandidaten sehen sich hohen regulatorischen Auflagen der Finanz- und Börsenaufsicht ausgesetzt. Entsprechend ist ein Börsengang erst möglich, wenn ein Unternehmen bereits einen dreistelligen Millionenumsatz erzielt. Börsengänge wie die von Facebook und Twitter kamen jeweils mit hohen absoluten Bewertungen zustande, was für professionelle Fonds unter dem Gesichtspunkt des Wertsteigerungspotenzials nicht mehr besonders attraktiv war. Anders ausgedrückt: Die höchsten Wertsteigerungen werden nun meist vor dem Börsengang statt danach erzielt. Marc Andreessen beklagt diesen Zustand immer wieder: Es gibt keine Chancengleichheit der Investoren mehr bei aussichtsreichen Investments. Nur die Anlegergruppen, die über den Zugang zu den Unternehmen verfügen und ausreichend Kapital haben, profitieren davon.

Das vorliegende Buch zeigt deshalb in den Kapiteln 4 und 5 konkrete Wege und Möglichkeiten für den Privatanleger auf, wie er sich trotzdem frühzeitig an interessanten Startups und Technologieunternehmen beteiligen kann.

Zu den bekanntesten Adressen an Fondsgesellschaften, die große nicht börsennotierte Technologieinvestments getätigt haben, zählen Fidelity Investments, BlackRock sowie der Hedgefonds Tiger Global Management. Bekannteste Private-Equity-Unternehmen, die durch große Venture-Capital-Deals auf sich aufmerksam gemacht haben, sind T. Row Price und General Atlantic. Deren Bedeutung wächst, allein Tiger Global Management war im ersten Halbjahr 2014 an neun der fünfzig größten Finanzierungsrunden beteiligt.[50]

Firmen mit Venture-Capital-Tochterunternehmen

Praktisch alle großen Technologiefirmen im Silicon Valley unterhalten eine eigene Venture-Capital-Unternehmung. Die Firmen schlagen damit zwei Fliegen mit einer Klappe: Zum einen sind sie an den technologischen Trendsettern beteiligt, was das eigene Kerngeschäft befruchten kann, und zum anderen profitieren sie finanziell von erfolgreichen Deals. Microsoft beispielsweise investierte 2007 $240 Mio. in Facebook und erhielt dafür 1,6% der Aktien. Facebook wurde durch das Microsoft Investment mit $15 Mrd. bewertet. Zum damaligen Zeitpunkt erschien dies äußerst hoch, die angesehene *New York Times* bezeichnete den Deal gar als »astronomisch«. Mitte 2016 beläuft sich die Marktkapitalisierung von Facebook auf $326 Mrd. Microsoft konnte damit sein Investment mehr als verdreizehnfachen und ist zudem im Gegensatz zu Google & Co. strategischer Investor bei Facebook.[51]

Zu den aktivsten Firmen mit Venture-Capital-Gesellschaften zählen Google Ventures, Intel Capital, Qualcomm Ventures, SAP Ventures und Salesforce. Allein Google Ventures und Intel Capital haben seit 2009 jeweils in mehr als 80 Silicon Valley Start-ups investiert. Zu den größten und bekanntesten aktuellen Google Investments zählen der Fahrdienstvermittler Uber, der Thermostatehersteller Nest sowie die Finanzplattform LendingClub. Für Google sind die Investments über Google Ventures meist von hoher strategischer Bedeutung. Im Falle von Nest kaufte Google gleich die komplette Firma. Mit LendingClub arbeitet Google an gemeinsamen Finanzprodukten, die dann über die Google-Plattform mit den Benutzerprofilen und der hohen Reichweite von Google in Umsatz veredelt werden sollen.

Eine andere Strategie fährt SAP Ventures. SAP Ventures wurde ursprünglich auf Drängen von Hasso Plattner, dem Mitgründer von SAP, gegründet und im Silicon Valley angesiedelt. Im Herbst 2014 wurde die Umbenennung zu Sapphire Ventures bekanntgegeben. Mit der Namensänderung soll die Unabhängigkeit des Venture-Capital-Unternehmens gegenüber SAP ausgedrückt werden, um somit als selbstständige Einheit agiler am Markt auftreten und flexibler Chancen wahrnehmen zu können.

Für beide Varianten gibt es schlagkräftige Berechtigungen. Eins ist beiden Strategien gemein: Die großen Technologiekonzerne sind wahre Cashcows. Allein Alphabet und Apple zusammen vereinen einen Cash-Bestand von über $270 Mrd. Unternehmen wie Facebook, SAP und Oracle generieren ebenfalls hohe Cashbestände und gepaart mit den niedrigen Zinsen können sie so auch große Zukäufe stemmen. SAP gab im Herbst 2014 den Kauf des Reisekostenabrechners Concur Technologies für $8 Mrd. bekannt. Besonderheit: SAP, sonst extrem konservativ in Finanzfragen, finanzierte die Übernahme über eine Kreditfazilität der Deutschen Bank in Höhe von bis zu €7 Mrd.[52]

Als Exitkanäle werden nach Meinung vieler Experten große Technologieunternehmen wie Alphabet, Facebook, Microsoft, SAP und Oracle immer interessanter. Diese sind in der Lage, Milliardenzukäufe problemlos zu stemmen und können so ihr Kerngeschäft um neue attraktive Geschäftsmodelle erweitern.

Diese neuen Wettbewerber am Finanzmarkt bedeuten mehr Konkurrenz und damit vielfach auch höhere Unternehmensbewertungen. Der Venture Capitalist Shai Goldman aus New York spricht in diesem Zusammenhang von der $600 Mrd. Gelegenheit. Er summierte den Cash-Bestand der 21 größten Technologiekonzerne und kommt Ende 2014 auf einen Stand von $600 Mrd. Im Jahr 2010 ermittelte er einen Cash-Bestand selbiger Unternehmen von »nur« $210 Mrd.

3. SILICON-VALLEY-UNTERNEHMEN

3.1 Stalwarts – Die Etablierten

Unternehmen wie Apple und Cisco gehören zu den etablierten Unternehmen im Silicon Valley. Ich bezeichne diese im Nachfolgenden als »Stalwarts«, da diese schon zahlreiche Höhen und Tiefen im Silicon Valley erlebt haben und aufgrund ihrer dominanten internationalen Marktstellung, ihres technologischen Vorsprungs und ihrer hohen Barmittel eine herausragende Stellung einnehmen. Bei den Porträts handelt es sich um eine wohlüberlegte Auswahl ohne Anspruch auf Vollständigkeit. Dabei wage ich auch einen Blick in die Zukunft, wo das jeweilige Unternehmen morgen oder übermorgen stehen könnte.

Adobe Systems

Gründung	CEO
1982	Shantanu Narayen
Sitz	Gründer
San Jose, CA, USA	Charles Geschke, John Warnock

Mitarbeiter: 11 000

Heute

Adobe ist wie viele Silicon-Valley-Unternehmen ein Produkt von Xerox PARC. John Warnock, einer der Gründer von Adobe, erfand dort die Seitenbeschreibungssprache InterPress. Da Xerox kein Interesse an der Vermarktung dieses Produkts hatte, gründete er in der Folge zusammen mit Charles Geschke Adobe. Erstes Produkt war die auf InterPress beruhende Seitenbeschreibungssprache PostScript. PostScript, als Protokoll für viele Anwender unsichtbar, war ein elementar wichtiger Baustein für die Anbindung der PCs und Apple-Computer an Laserdrucker. Der Begriff des Desktop Publishing war geboren, d.h. das Setzen von Layouts am Computer und das anschließende exakte Ausdrucken, dank PostScript. Adobe entwickelte in der Folge eine breite Produktpalette für Grafiker, Designer und später Webentwickler und wurde zum führenden Anbieter von Software für die digitale Bildbearbeitung sowie Web und Animationsentwicklung. Adobe setzte weitere Standards, wie etwa den plattformübergreifenden PDF-Standard, die Animationsdarstellung mittels dem Flash Player, die Videobearbeitungssoftware Premiere oder das Layoutprogramm InDesign.

Morgen

Adobe vollzieht von allen Softwareunternehmen den konsequentesten Schwenk in die Cloud. Zunächst hatte die Börse den Strategiewechsel mit Abschlägen quittiert, mittlerweile aber sind die Erfolge hin zu einem erfolgreichen Abonnementmodell sichtbar, auch am Börsenkurs. Die Adobe Creative Cloud ist ein Rundum-sorglos-Paket für die Millionen von Kreativschaffenden. Aktuell haben sich bereits 7 Mio. Anwender für die Cloud-Lösung entschieden (ein Wachstum von knapp 60.000 Abonnenten pro Woche). Die Umstellung auf monatliche Abrechnung senkt die Schwelle für die Kundenakquisition und ermöglicht dem Kunden den Zugriff auf das gesamte Produktspektrum von Adobe in den Bereichen Bildbearbeitung, Illustration und Video mit den Produkten Photoshop, Illustrator und Premiere und dies in der jeweils aktuellsten Version. Über die Adobe Cloud können zudem die digital erzeugten Inhalte abgelegt und im Team über Plattformgrenzen hinweg ausgetauscht werden. Das Wachstum speist sich aus der Gewinnung neuer Kunden, aber auch aus dem Verkauf weiterer Features und Services an bestehende Kunden.

Übermorgen

Adobe entwickelt sich strategisch zu einem Marktplatz für Kreative und trägt damit den wachsenden und komplexeren Ansprüchen von Kreativen und deren digitalen Arbeitsprozessen Rechnung. Adobe ist Betreiber und Inhaber der »Behance Community« und mit mehr als vier Mio. Mitgliedern die weltweit größte Kreativ-Community. Adobe will seine »Creative Cloud« über neue Formen der Monetarisierung nicht nur Profis zur Verfügung stellen, sondern zukünftig auch semiprofessionelle Anwender als Kunden gewinnen. Adobe sieht ein mittelfristiges zusätzliches Geschäftspotenzial von $4 Mrd. was einer Verdoppelung der aktuellen Umsätze entsprechen würde. Die zunehmende Digitalisierung sämtlicher Prozesse, von der Dokumentenerstellung über Bereitstellung bis hin zum Signieren, dürfte das Wachstum zusätzlich ankurbeln. Adobe ist mit weltweit 800 Mio. Installationen des Dokumentenlesers Adobe Acrobat Reader als Marktführer bestens positioniert. Ins Bild dazu passt auch die kürzliche Übernahme der Online-Bildagentur Fotolia für $800 Mio.

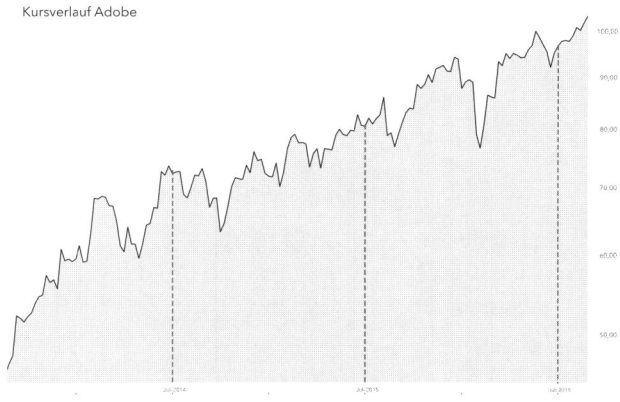

Kursverlauf Adobe

Alphabet

Gründung	CEO
1998	Larry Page, Sergey Brin
Sitz	Gründer
Menlo Park, CA, USA	Larry Page, Sergey Brin

Mitarbeiter: 55 000

Heute

Keine andere Neugründung in der Wirtschafts- und Industriegeschichte wuchs innerhalb von eineinhalb Dekaden so schnell wie Google. Anfangs eine Suchmaschine, so hat sich Google mittlerweile zu einem weltumspannenden Digitalkonzern entwickelt, der von Milliarden von Menschen weltweit genutzt wird. Mit »googeln« meint man heute umgangssprachlich nach etwas im Internet zu suchen. Nicht ohne Grund wurde das Wort in den Duden aufgenommen. Aus dem Leitmotto von Google »die weltweiten Informationen zu organisieren und universell zugreif- und nutzbar zu machen«, wurde eine der einträglichsten Goldgruben der Neuzeit. Die Verknüpfung der Google-Suche mit der Kommerzialisierung über anklickbare Textanzeigen, genannt AdWords, machte Google zur weltweit führenden Werbeplattform. Mit dem mobilen Google-Betriebssystem Android bedient Google rund 80% des weltweiten Smartphone-Markts. Milliarden neue Anwender werden so an das Google-Ökosystem angebunden. Explosionsartig entstehen neue Daten, die analysiert werden müssen. Sie sind das »Futter« für die Vermarktung und das beste Argument für die Werbeindustrie. Mit YouTube hat Google ein weiteres Goldstück im Portfolio. Analysten gehen davon aus, dass allein YouTube in wenigen Jahren bereits rund $30 Mrd. Werbeumsatz generieren kann, was in etwa dem Gesamtumsatz von Google in 2012 entsprach.

Morgen

Alphabet ist als Aufkäufer von Unternehmen und im Eingehen von strategischen Beteiligungen aktiv wie kein zweites Unternehmen im Silicon Valley. Google beteiligt sich an anderen Unternehmen, um damit Geld zu verdienen, aber noch mehr, um strategisch von Technologien neuer Start-ups zu profitieren und die lukrativsten später dann komplett zu übernehmen. Allein in

letzter Zeit hat Alphabet acht Robotik-Unternehmen aufgekauft. Mit dem milliardenschweren Kauf des Rauchmelderherstellers Nest wurde der Grundstein
in den Markt der Heimautomatisierung gelegt. Die neue Holding Alphabet soll
zu einer digitalen Berkshire Hathaway werden. Folgerichtig hat sich Alphabet
über seine Tochter Google Ventures an führenden Start-ups und Wachstums-
unternehmen in den für Alphabet wichtigen Marktsegmenten Consumer Internet, Life Science & Health, Künstliche Intelligenz und Cloud-Computing
beteiligt. Zum Jahreswechsel 2014 wurde der Öffentlichkeit das selbstfahrende
Google-Auto präsentiert. Mittelfristiges Ziel von Google ist es deshalb die wichtigsten Bestandteile der realen Welt mit dem Google-Ökosystem zu verbinden
um daraus noch mehr Werbemilliarden zu generieren.

Übermorgen

Google mit seinem immensen Datenschatz könnte der größte Nutznießer
für Entwicklungen im Bereich Künstliche Intelligenz werden. Zielgerichtet
investiert die Holding Alphabet bereits in Unternehmen der Künstlichen Intelligenz. Das selbstfahrende Auto, Drohnen, die Waren an Kunden auslie-
fern, und Roboter, die als digitaler Dienstbutler den Alltag von Haushalten
erleichtern werden, mögen noch Zukunftsmusik sein. Alphabet könnte mit
dem Kauf eines großen Kabelnetzbetreibers zudem seine Vormachtstellung
in der digitalen Infrastruktur ausbauen und dafür sorgen, dass eigene Inhalte bevorzugt und schneller beim Anwender ankommen werden.

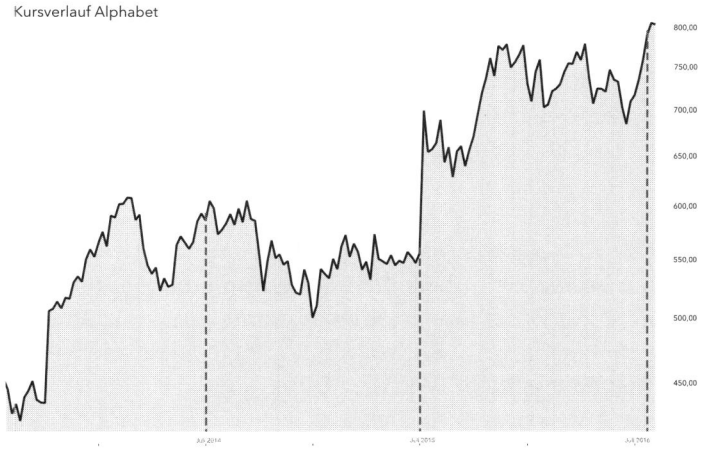

Kursverlauf Alphabet

Apple

Gründung	CEO
1976	Tim Cook
Sitz	Gründer
Cupertino, CA, USA	Steve Jobs, Steve Wozniak, Ronald Wayne

Mitarbeiter: 98 000

Heute

Apple ist nicht ohne Grund das momentan wertvollste Unternehmen der Welt. Bereits seit seiner Gründung vor fast 40 Jahren ist Apple die Speerspitze für neue Computerentwicklungen. Als Steve Jobs 2001 mit dem iPod aufwartete, war dies für viele Analysten ein überteuertes Musikabspielgerät unter vielen anderen und eher nur etwas für die treuen Apple-Käufer. Für Steve Jobs war der iPod hingegen der erste Vertreter einer neuen Generation mobiler consumerorientierter Computer. Dank iPod, iPhone und iPad entstand in Verbindung mit iTunes und dem App Store ein einzigartiges Ökosystem. Machte Apple in den 1980er- und 1990er-Jahren noch den Fehler, die Entwicklergemeinschaft auszuschließen, so wurde mit dem App Store und der Möglichkeit eigene Apps auf Basis der Apple-Schnittstellen und Programmiersprachen zu entwickeln eine breite Popularität erreicht, wie es früher in den Boomphasen von Microsoft Windows der Fall war. Die beiden Dienste iTunes und der App Store sind das wachstumsstärkste Segment bei Apple und somit das strategische Instrument zur Kundenbindung. Das geschlossene Apple-Ökosystem aus der einmaligen Symbiose von Hardware und Software führt zu traumhaften Gewinnmargen: Apple vereinnahmt aktuell über 80% der weltweiten Gewinne im Marktsegment der Smartphones.

Morgen

Fragen sich derzeit viele Analysten ungeduldig nach dem »next big thing« bei Apple, so wird vielfach übersehen, dass Apple bereits mehr als eine Milliarde Geräte auf Basis ihres Betriebssystems iOS verkauft hat. Noch dazu gibt es bei Apple im Gegensatz zu Googles Android-Betriebssystem immer nur eine aktuelle Version. Durch die Übernahme von Beats soll das eigene Musikstreaming-Geschäft angekurbelt werden. Mit dem

Service iCloud wird ein veritabler Dropbox-Konkurrent geschaffen, der den Datenaustausch zwischen den einzelnen Mac-Geräten stark vereinfachen soll. Der Anspruch von Apple, mit dem Bezahldienst Apple Pay, ist »das Bezahlen« zu einem nahtlosen Erlebnis zu machen und damit dem »mobilen Bezahlen« zum weltweiten Durchbruch zu verhelfen. Ganz nebenbei könnte sich Apple mit seinen mehreren Hundert Millionen Kunden und deren hinterlegten Kreditkarten zu einem veritablen Finanzdienstleister und am Ende zur größten Bank der Welt entwickeln. Dazu gesellt sich neue Produktfantasie mit der iWatch, die dem Segment der »Wearables« zum Durchbruch verhelfen kann.

Übermorgen

Apple ist auf dem besten Wege, zum allgegenwärtigen Computerunternehmen für alle Lebenslagen zu werden. Neue Gerätetypen wie die iWatch und Sensoren machen es möglich, alle Lebensbereiche des Anwenders aufzuzeichnen und ihn im Alltag professionell zu unterstützen. Langfristig könnte Apple zum ersten integrierten digitalen Medienkonzern mit kompletter Wertschöpfungskette aus Hardware, Software, Medienproduktion und Distribution werden. Selbst eine Übernahme von Disney ist nicht ausgeschlossen: Ist doch Disney-Chef Robert Iger selbst Aufsichtsratsmitglied von Apple und die Witwe von Steve Jobs größte Einzelaktionärin von Disney.

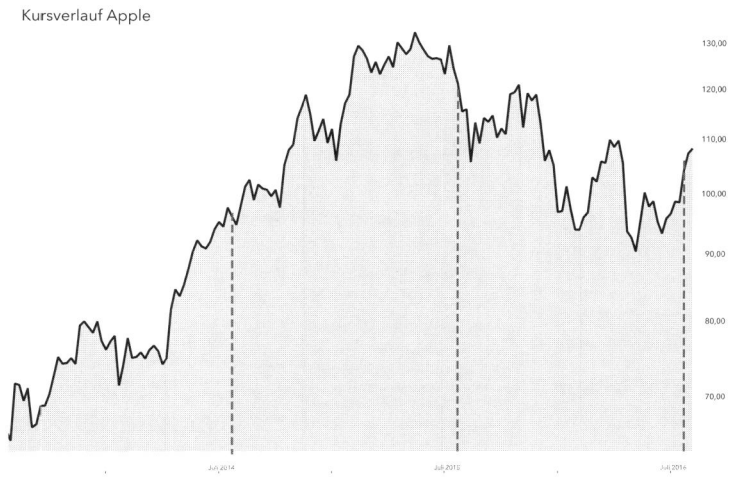

Kursverlauf Apple

Cisco Systems

Gründung	CEO
1984	John Chambers
Sitz	Gründer
San Jose, CA, USA	Leonard Bosack, Sandy Lerner, Richard Troiano

Mitarbeiter: 74 000

Heute

Cisco wurde 1984 von den drei Stanford-Wissenschaftlern Leonard Bosack, Sandy Lerner und Richard Troiano gegründet. Das erste Netzwerkprodukt von Cisco war ein erster Router und ein dazugehöriges Betriebssystem zur Steuerung eines Computer-Netzwerks. Beides waren Repliken von Stanford-Erfindungen, die nach einem Rechtsstreit mit der Stanford Uni an das Unternehmen Cisco lizensiert wurden. Der Name Cisco und das Logo der schematischen Golden Gate Bridge sind Anlehnungen an die Stadt San Francisco. Cisco ist mittlerweile das weltweit bedeutendste Unternehmen für Netzwerkausrüstung im Internet bei Umsätzen von fast \$50 Mrd. und einem operativen Gewinn von rund \$9 Mrd. Cisco ist heute ein »One-stop-shop« für die Bereiche Netzwerkausrüstung, Telefonie, Sicherheitslösungen sowie für Datencenter auf Basis des Internet-Protokolls (IP). Cisco ist wie kein anderes Silicon-Valley-Unternehmen durch Übernahmen von Start-ups und konkurrierenden Netzwerkfirmen gewachsen. Cisco hat den Prozess der Übernahmen und der anschließenden Integration in das Unternehmen perfektioniert. Mit dieser Strategie ist es Cisco bis dato gelungen technologisch an vorderster Front zu bleiben. Cisco ist einer der Dinos des Silicon Valley und hat schon zahlreiche Hochs und Tiefs durchlaufen. Anfang 2000 war Cisco für kurze Zeit sogar das wertvollste Unternehmen der Welt. Lagen die Wachstumsraten in den späten 1990er-Jahren bei 50 bis 80% pro Jahr, so sind sie in der Zwischenzeit in den einstelligen oder niedrigen zweistelligen Bereich gefallen.

Morgen

Im Moment fehlt dem Unternehmen Cisco der Glamour-Faktor. In den 1990er-Jahren wurde Cisco in einem Atemzug mit dem Internet genannt. Infrastruktur gilt heute als selbstverständlich, im Fokus stehen die

Consumerunternehmen wie Alphabet, Apple und Facebook. Chambers als Chef des Verwaltungsrates arbeitet an einem Imagewechsel und positioniert Cisco über internationale Werbekampagnen als das führende Unternehmen für das Zeitalter des »Internets der Dinge«. Die Anzahl der weltweit vernetzten Geräte steigt explosionsartig. Treiber sind im Consumer-Bereich die Smartphones sowie digitale Uhren und intelligente Sensoren sowie im Unternehmensumfeld die Vernetzung von Firmen und Produktion unter dem Stichwort Industrie 4.0. Cisco bietet mit seinen Netzwerk- und Datencenter-Lösungen die notwendigen Produkte zur Vernetzung der digitalen Welt an.

Übermorgen

Cisco könnte sich zum führenden intelligenten digitalen Infrastruktur- und Netzbetreiber weltweit entwickeln. Strom, Wasser, Telekommunikation, Internet und Mobilkommunikation werden zukünftig über intelligente Netze gesteuert, um möglichst ressourcenschonend die Nachfrage der Kunden zu befriedigen. Cisco ist aber auch ein potenzieller Übernahmekandidat. Der hohe Cash-Bestand von über $60 Mrd., ein Cashflow in Höhe von $12 Mrd. und ein im Verhältnis niedriger Börsenkurs könnten Private-Equity-Gesellschaften und oder Warren Buffett anlocken. Buffett könnte mit Cisco auch sein eher klassisches »Old America«-Firmenportfolio mittels Cisco-Technologie digitalisieren und damit von einer Übernahme doppelt profitieren.

Kursverlauf Cisco

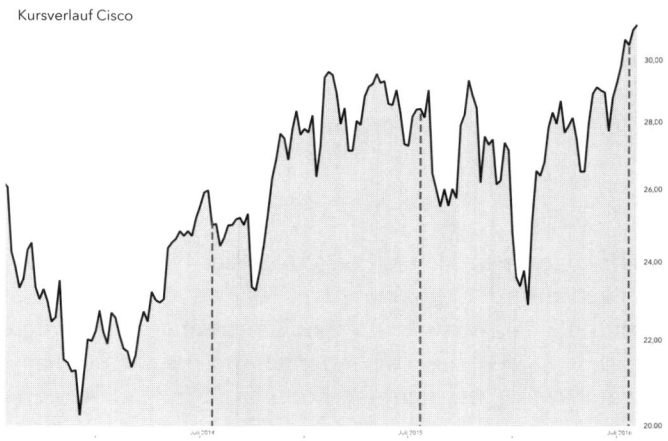

Facebook

Gründung	CEO
2004	Mark Zuckerberg

Sitz	Gründer
Menlo Park, CA, USA	Mark Zuckerberg, Eduardo Saverin, Andrew McCollum, Dustin Moskovitz, Chris Hughes

Mitarbeiter: 8300

Heute

Mark Zuckerberg hat mit seinem 2004 an der Harvard Universität gestarteten sozialen Netzwerk »Facebook« den amerikanischen Traum vom Hochschulabbrecher zum Multimilliardär erneut manifestiert. Wie sein großes Vorbild Bill Gates gehört Zuckerberg nicht nur zum Club der Multimilliardäre, sondern er schickt sich mit Facebook an, eine ähnlich dominierende Rolle und Monopolstellung im Zeitalter sozialer Netzwerke einzunehmen wie einst Microsoft in den 1990er-Jahren mit dem Betriebssystem Windows zu den Hochphasen des PC-Zeitalters. Der Konzern Facebook fußt nicht mehr nur auf dem sozialen Netzwerk Facebook selbst, sondern ist durch die milliardenschweren Übernahmen von Instagram und WhatsApp zu einer Mischung aus Telekommunikations- und Nachrichtenunternehmens des 21. Jahrhunderts aufgestiegen. Noch beim Börsengang von Facebook im Jahr 2012 wurde bemängelt, dass Facebook »mobil« nicht kann und für Smartphones zu sperrig und damit wenig attraktiv für die Werbebranche ist. Innerhalb von zwei Jahren hat Facebook den Trend gedreht und erzielte allein im ersten Quartal 2016 $5,38 Mrd. Werbeeinnahmen, davon über 80% aus dem Bereich mobiler Werbung.

Morgen

Facebook geht konsequent den Weg, sich auf der Fläche des Smartphones durch die Aufsplittung der Funktionen in einzelne Apps zu verbreitern und somit zur zentralen Anlaufstelle für mobile Anwender zu werden. Zuletzt wurde der Facebook Messenger als separate App aus der Facebook-App herausgelöst. Gleichzeitig will man die Komplexität für die Anwender reduzieren, indem mehr leichtgewichtige Apps die einzelnen Kernfunktionen

abdecken. Tatsächlich geht die Strategie auf: weltweit mehr als eine Milliarde Anwender nutzen Facebook täglich. Auch WhatsApp und Instagram ziehen erhebliche Nutzerzeiten auf sich. Da Mark Zuckerberg über ein Aktien-
mehrfachstimmrecht das Unternehmen Facebook praktisch allein regiert,
kann er auch kurzfristig und opportunistisch auf neue Entwicklungen re-
agieren. Die Übernahmen von WhatsApp und die des Virtual-Reality-Spe-
zialisten Oculus sind eine eindrückliche Bestätigung dieser Strategie.
Gleichzeitig wird die Werbeplattform Atlas konsequent zu einem Echtzeit-
marketinginstrument ausgebaut, das es Werbetreibenden zu jeder Zeit ermöglicht, mit ihren Produkten ihre jeweils exakte Zielgruppe zu erreichen.
Zuckerberg will die Facebook-Nutzung weltweit ausbauen und auch bisher
Facebook-freie Regionen erreichen. Eigens dafür hat Facebook die Umsetzung einer Drohnenstrategie als mobile Schaltzentralen für die Datenver-
netzung in nicht entwickelten Regionen angekündigt. Gemunkelt wird zudem, dass Facebook einen baldigen Markteintritt in China plant.

Übermorgen

Zuckerberg hat sich zum Ziel gesetzt aus Facebook die alles beherrschende
Nachrichten- und Kommunikationszentrale des 21. Jahrhunderts zu machen.
Facebook, das soziale Betriebssystem, viel mächtiger als Windows damals im
PC-Zeitalter. Die größte Herausforderung für Facebook wird sein, deren An-
wender bei der Stange zu halten. Gerade in der jüngeren Zielgruppe breitet
sich schon jetzt eine gewisse Facebook-Müdigkeit aus. Diese empfinden es
als uncool auf der gleichen Plattform unterwegs zu sein wie ihre Eltern. Neue
Wettbewerber wie die Videomessaging Plattform Snapchat und die fehlende
Monetarisierung bei WhatsApp sind weitere große Herausforderungen.

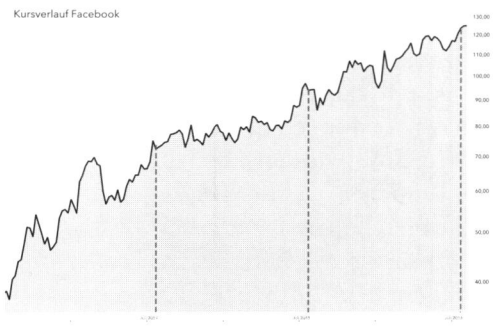

Intuit

Gründung	CEO
1983	Brad Smith
Sitz	Gründer
Mountain View, CA, USA	Scott Cook, Tom Proulx

Mitarbeiter: 8200

Heute

Scott Cook erkannte Anfang der 1980er-Jahre als Erster, dass die aufkommenden PCs das ideale Werkzeug für die private Buchhaltung und Finanzplanung sein werden. Zusammen mit dem Programmierer Tom Proulx von der Stanford University entwickelten sie die Programme für PCs und Apple-II-Computer und gründeten die Firma Intuit. John Doerr, der bekannte Risikokapitalgeber von Kleiner Perkins, investierte weiteres Wachstumskapital in Intuit und 1993 erfolgte schließlich der Börsengang. Intuit erweiterte sein Angebot um Programme für Steuererklärung und Homebanking. Mitte der 1990er-Jahre wollte Microsoft Intuit übernehmen, was aufgrund der daraus entstehenden Monopolsituation aber abgelehnt wurde. In der Zwischenzeit ist Intuit das führende Unternehmen für klein-/ mittelständische Unternehmen und Privatpersonen in den Bereichen private Finanzplanung, Steuererklärungen, Buchhaltung und Lohnabrechnung. Bekannte Produktmarken von Intuit sind die Finanzplanungsprogramme Quickbooks für die Buchhaltung bei Kleinunternehmen und TurboTax für die Steuererklärung. Intuit gehört zu den aktivsten Aufkäufern von Start-ups und Firmen und hat in den letzten Jahren rund 30 Übernahmen in das Unternehmen integriert. Zu den bekanntesten Übernahmen zählt die führende Finanzmanagement-Anwendung Mint.com mit mehreren Millionen Anwendern, die Cloud und App zu einer Einheit verschmelzen lässt. Intuit ist ein starker Treiber der Entwicklungen hin zu cloud- und appbasierten Anwendungen. Denn die Nachfrage nach solchen Diensten ist sehr groß. In 2014 wurden über die TurboTax Online-Seite von Intuit über 98 Mio. Besucher, 30 Mio. Log-ins und insgesamt 21 Mio. Steuererklärungen online erstellt. Intuit sieht sich als den Ort, an dem die Amerikaner ihre Steuererklärung machen. Bis 2018 sollen 50% der amerikanischen Steuererklärungen über Intuit erstellt werden.

Morgen

Intuit entwickelt sich zur führenden Finanzmanagementplattform in den USA und immer mehr Intuit-Kunden werden zu Abokunden. Expandiert wird neben den USA insbesondere in die englischsprachigen Märkte wie Großbritannien, Australien, Singapur und Indien. Mint.com für die private Finanzplanung im Apple-Design und das App-Steuerprogramm SnapTax, womit man mit wenigen Wischbewegungen seine Steuererklärung erstellen kann, zeigen die Richtung an, in die Intuit zukünftig investieren will. Intuit will bis 2017 mehr als 45 Mio. Cloud-Anwender haben und nur noch zehn Mio. Desktop-Anwender. Die mittelfristige Finanzplanung bis 2017 sieht ein zweistelliges organisches Wachstum sowie Gewinnmargen im Bereich von 35 bis 40% vor.

Übermorgen

Intuit will zum führenden weltweiten Komplettanbieter für Finanzen, also Finanzmanagement, Rechnungsstellung, Steuern, Lohnbuchhaltung und private Finanzplanung werden. Durch die moderne Ausrichtung auf das Mobile- und Cloud-Computing sowie durch die Zurverfügungstellung der Finanzschnittstelle von Intuit für Drittentwickler kann das Wachstum nachhaltig auf internationalen Märkten mit hohen Margen erfolgen. Intuit rechnet für die Jahre nach 2017 mit einem Anteil der Cloud-Dienste am Umsatz von über 70%. Der Produktanteil soll nur noch rund 30% betragen.

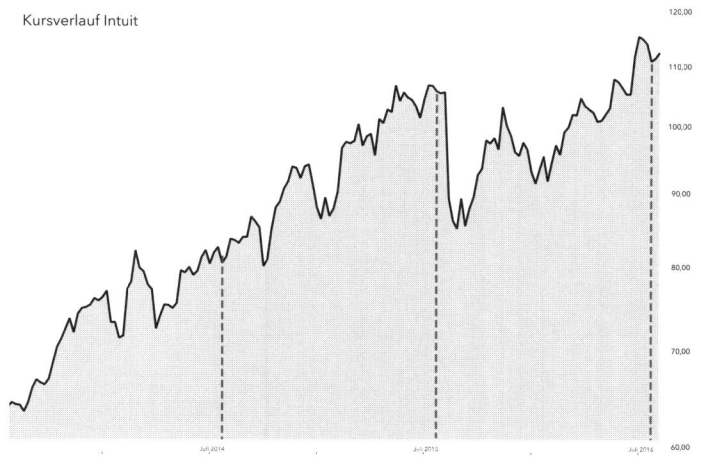

Kursverlauf Intuit

3.2 Disruptors – Die Aufstrebenden und Herausforderer

Unternehmen wie Tesla und Netflix gehören zu den Unternehmen im Silicon Valley, die ich als »Disruptors« bezeichne. Sie haben sich große bestehende Märkte wie die Personalsuche sowie deren Vermittlung oder den Serien und Spielfilmmarkt vorgenommen und greifen etablierte Anbieter mit neuen disruptiven Geschäftsmodellen an. Bei den Porträts handelt es sich um eine wohlüberlegte Auswahl ohne Anspruch auf Vollständigkeit. Dabei wage ich auch einen Blick in die Zukunft, wo das jeweilige Unternehmen morgen oder übermorgen stehen könnte. Wichtig war mir im Selektionsprozess, dass die Unternehmen bereits einen erfolgreichen Börsengang und damit auch einen Nachweis über ihr Geschäftsmodell erbracht haben.

Arista

Gründung	CEO
2004	Jayshree Ullal
Sitz	Gründer
Santa Clara, CA, USA	Andy Bechtolsheim, David Cheriton

Mitarbeiter: > 500

Heute

Arista wird von Experten als das »kleine, aber feine Cisco« für das neue Zeitalter des Cloud- und Echtzeit-Computings bezeichnet. Hauptprodukte sind extrem leistungsfähige Hochgeschwindigkeits-Netzwerk-Switches für die stark wachsenden Datencenter von Anbietern wie Amazon, Google, eBay, Facebook und Microsoft, aber auch für Börsen und Banken im Bereich Hochfrequenzhandel, bei welchem es auf Geschwindigkeit und Zuverlässigkeit pur ankommt. Schlüssel und »Kronjuwel« des Unternehmens ist das auf dem offenen Linux-Betriebssystem basierende Netzwerk-Betriebssystem EOS. Es ermöglicht den Einsatz der aktuellsten und damit schnellsten am Markt verfügbaren Standardhardware zu geringen Kosten. Kunden können zudem über offene Schnittstellen die Arista-Netzwerkumgebung flexibel ergänzen. Arista wurde von Andy Bechtolsheim (SUN-Co-Gründer) und David Cheriton (Stanford-Professor) gegründet und finanziert, dies ohne die Aufnahme von weiterem Venture Capital. Beide sind durch ihr frühes Investment in Google zu Milliardären geworden und hatten bereits vor Arista gemeinsam die Netzwerkfirma Granite gegründet und diese später an Cisco verkauft. Ein offenes Betriebssystem, gepaart mit Standardhardware, war bereits vor rund 30 Jahren die Grundlage für den Erfolg von Workstations. Andy Bechtolsheim hatte bereits damals die SUN-Erfolgsstory maßgeblich vorangetrieben. Arista wurde offiziell 2004 gegründet und ging 2008 mit ersten Produkten an den Start. Arista war praktisch aus dem Stand heraus profitabel und erzielte zwischen 2010 und 2013 Wachstumsraten von 60 bis 80%. Im Juni 2014 gelang der erfolgreiche Börsengang. In einem schwierigen Marktumfeld stieg die Arista-Aktie an ihrem ersten Börsentag um fast 40%.

Überlagert wird die Erfolgsstory im Moment durch zwei Prozesse, ironischerweise angestoßen von dem Mitgründer Cheriton und vom Netzwerkgiganten Cisco, die Arista Verletzungen von Patenten und Urheberrechten vorwerfen.

Morgen

Arista zeigt mit Bruttomargen von über 60% und einem Umsatzwachstum von mehr als 40% wie profitables Wachstum funktioniert. Im Geschäftsjahr 2015 wurde ein Gesamtumsatz von $837,5 Mio. erzielt, ein Wachstum von 43% im Vergleich zu 2014. Der Markt für Datencenterausrüstungen soll im Zeitraum von 2013 bis 2017 von $6 Mrd. auf $12 Mrd. steigen, wovon Arista überproportional profitieren dürfte, zumal Arista erst einen Marktanteil von 6% aufweist. Analysten rechnen in 2017 mit einem Arista-Umsatz von größer $1 Mrd. Bei der aktuellen Wachstumsdynamik dürften diese Ziele früher erreicht werden.

Übermorgen

Aristas Netzwerkvision ist die Etablierung als Plattformanbieter für moderne cloudbasierte Netzwerktechnologie. Die Grundlagen dafür sind geschaffen: Mit über drei Millionen Cloud-Netzwerk-Datenverbindungen und dem eigenen offenen Netzwerkbetriebssystem, das aus mittlerweile mehr als acht Millionen Programmzeilen und 10 000 Mannjahren Entwicklungszeit besteht. Das weitere Wachstum soll durch den Ausbau der Vertriebspartnerschaften, insbesondere auch durch den Ausbau strategischer Partnerschaften im Entwicklungsbereich mit Anbietern wie Google und Microsoft forciert werden.

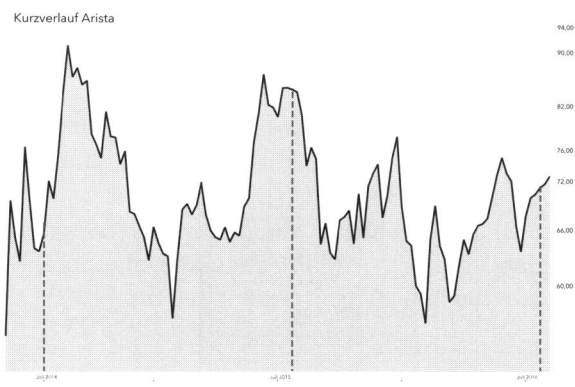

Kurzverlauf Arista

LendingClub

Gründung	CEO
2006	Renaud Laplanche
Sitz	Gründer
San Francisco, CA, USA	Renaud Laplanche

Mitarbeiter: 600

Heute

LendingClub ist der weltweit größte Peer-to-Peer-Marktplatz für Kredite. Renaud Laplanche gründete LendingClub 2006 im Inkubator Plug and Play in Sunnyvale, Kalifornien. LendingClub wurde als erste Kreditvermittlungsplattform reguliert und unterliegt seit 2008 der amerikanischen Börsenaufsichtsbehörde (SEC). LendingClub selbst vergibt keine Kredite, sondern ist lediglich ein Makler, der Kreditangebot und -nachfrage auf seiner Plattform bündelt und dafür eine einmalige Vermittlungsprovision sowie eine laufende Bestandsprovision aus der Kreditrückzahlung erhält. Dies ist für beide Seiten lukrativ: Privatkunden haben die Möglichkeit, ihre Verbindlichkeiten über die Plattform günstiger zu refinanzieren und auf der anderen Seite haben private und institutionelle Anleger in dem aktuellen Niedrigzinsumfeld die Möglichkeit ihr Erspartes zu höheren Konditionen als bei der Bank anzulegen. LendingClub vergibt aktuell Kredite bis zu einer Höhe von $35 000 an Privatkunden und Kleinunternehmen. Das amerikanische Marktumfeld ist dafür sehr attraktiv, gibt es doch viele Privatleute, die Verbindlichkeiten aus ihrem Studium oder bei ihrer Krankenversicherung abbezahlen müssen. Da in Amerika 70% der Wirtschaftsleistung vom privaten Konsumenten ausgehen und Banken sich bei Privatkrediten zurückhalten oder mit schlechten Konditionen aufwarten, tritt LendingClub als First Mover auf eine hohe Nachfrage und hat seit seiner Gründung ein Kreditgesamtvolumen von über $18 Mrd. vergeben. LendingClub ging im Dezember 2014 an die New Yorker Börse und war mit einem Emissionsvolumen von $900 Mio. der größte amerikanische Technologiebörsengang im Jahr 2014. Die Investorennachfrage war extrem hoch, LendingClub stieg am ersten Tag um 56%.

Morgen

LendingClub hat sich als führende Peer-to-Peer-Plattform etabliert und mit dem erfolgreichen Börsengang (knapp eine Mrd. Dollar) und der hohen öffentlichen Aufmerksamkeit in eine starke Position gebracht. Der soziale Netzwerkeffekt im Internet, der für die jeweilige Branche meist nur einen Anbieter zulässt, dürfte das Wachstum von LendingClub weiter anschieben. Bei LendingClub ist seit einem Jahr auch Google Ventures beteiligt. Für Alphabet ist LendingClub eine strategische Beteiligung. Beide haben als erstes Produkt einen Kleinkredit für Unternehmen entwickelt. Alphabet mit seiner hohen Kundenreichweite und dem Wissen über die Vorlieben der Kunden ist der ideale Partner für LendingClub.

Übermorgen

LendingClub kann zum einen weiter in den Bereichen Privatkredite und Kleinkredite für Firmen wachsen, zum anderen ergeben sich durch die Aufnahme weiterer Finanzprodukte und einer Internationalisierung erhebliche zusätzliche Erlöspotenziale. Der Markt allein in den USA ist mit einem Volumen von über \$3 Billionen riesig. LendingClubs Plattform und der gesamte Kreditprozess ist deutlich schlanker und kosteneffizienter als die klassischen Bankprozesse. Ein bedeutender Aktionär von LendingClub ist mit Wells Fargo zudem die größte Privatkundenbank der USA. LendingClub plant die Öffnung der Plattform für Drittanbieter und könnte damit zum größten Finanzmarktplatz weltweit werden. Mit Alphabet und Wells Fargo im Schlepptau könnte aus LendingClub das erste ausgewachsene Finanzunternehmen des 21. Jahrhunderts werden.

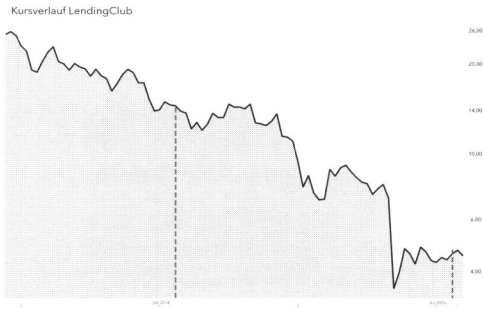

Kursverlauf LendingClub

Netflix

Gründung	CEO
1997	Reed Hastings
Sitz	Gründer
Los Gatos, CA, USA	Reed Hastings, Marc Randolph

Mitarbeiter: 2000

Heute

Netflix wurde 1997 von Reed Hastings und Marc Randolph im Silicon Valley zunächst als Online-Videothek gegründet. Im Jahr 2002 erfolgte der Börsengang und im Folgejahr schrieb das Unternehmen erstmals schwarze Zahlen. Netflix erkannte als eines der ersten Unternehmen die wachsende Bedeutung des Video-on-Demand-Geschäfts. Im Jahr 2007 stieg das Unternehmen in dieses neue Geschäftsfeld ein und machte die Inhalte seinen Abonnenten zugänglich. Netflix erkannte aber auch, dass es sich nur über qualitativ hochwertige Inhalte von der Konkurrenz abheben kann. Im Jahr 2010 übernahm Netflix für eine Milliarde US-Dollar die Rechte am Onlinevertrieb wichtiger Hollywood-Filmstudios wie Paramount Pictures und MGM. 2011 begann man schließlich mit der Eigenproduktion von Fernsehserien, die sich sogleich als Volltreffer erwiesen. Die aufwendig produzierte Serie »House of Cards«, in der es sich um Politintrigen im Weißen Haus dreht, kostete den stolzen Betrag von $100 Mio. Hauptdarsteller ist der Oscarpreisträger Kevin Spacey. Damit erschloss sich Netflix den amerikanischen Markt in rasendem Tempo und liegt bei den Abozahlen vor allen anderen amerikanischen Kanälen. Gleichzeitig werden die Engagements bei Hollywood-Schauspielern für die lange verpönten Fernsehserien immer populärer, da qualitativ gute Stoffe und ausreichend Kapital zur Verfügung stehen und auch die Einkommen daraus sehr attraktiv sind. Netflix ist mit aktuell 81 Millionen Mitgliedern in 190 Ländern vertreten und treibt die internationale Expansion in Europa und Asien voran.

Morgen

Netflix trifft den Nerv der Kunden, die ihre Lieblingsserien und Filme gerne unabhängig von einem festen Programmdiktat mit definierten Tagen und

Sendezeiten sehen wollen. Das Angebot für $10 in den USA bzw. €7,99 in Deutschland pro Monat als Flatrate ist sehr attraktiv. Netflix profitiert von seiner DNA als fokussierte Marke für Filme und Serien und ist der erste weltweite digitale Sender für Filme und Serien. Insbesondere in Europa orientierten sich die privaten Fernsehsender einzig an einer Gewinnmaximierung durch mittelmäßige Inhalte und wenig aufwendige Serienproduktionen. Um den europäischen Markt aufzurollen wie in den USA mit der Serie »House of Cards« griff Netflix in die Vollen und investierte nochmals rund $100 Mio. in die Produktion einer zehnteiligen Serie über Marco Polo. Der venezianische Händler und China-Reisende Marco Polo soll für Netflix die europäischen Märkte erobern und somit die Kernstrategie von Netflix hinsichtlich Ausbau der Abonnentenzahl in den USA und international unterstreichen.

Übermorgen

Netflix sieht sich als digitales Ökosystem für Internetgeräte. Langfristig wird Internet-TV das lineare Fernsehen ersetzen. Der Ausbau der Breitband- und Kompressionstechnologie, der Wunsch nach jederzeitiger Verfügbarkeit von Filmen und Serien auf allen Endgeräten wird diese Entwicklung vorantreiben. Neue Standards wie Ultra-HD-Fernsehen und neue Endgeräte wie der lange erwartete Apple TV dürften ihr Übriges dazu tun. Netflix hat ähnlich wie Amazon, Facebook und Google eine große Wissensdatenbank über seine Abonnenten und kann zukünftig noch gezielter und schneller auf die direkten Wünsche seiner Kunden eingehen. Damit ist es linearen Fernsehstationen, die meist bürokratische Ungetüme sind, weit überlegen.

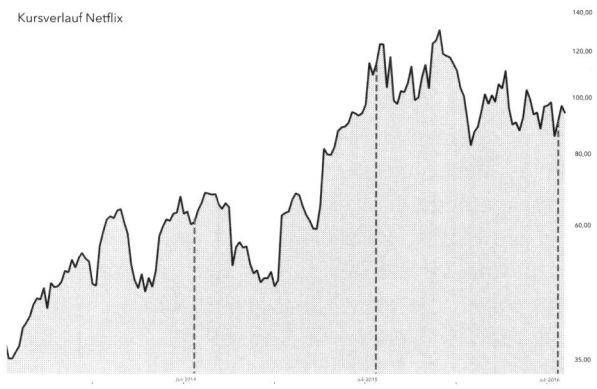

Kursverlauf Netflix

Palo Alto Networks

Gründung	CEO
2005	Marc D. McLaughlin
Sitz	Gründer
Santa Clara	Yuming Mao, Fengmin Gong, Rajiv Batra,
	Dave Stevens, Nir Zuk

Mitarbeiter: > 2600

Heute

Palo Alto Networks ist laut dem IT-Marktforscher Gartner Group das führende Unternehmen bei Firewall Lösungen für Firmenkunden und dies seit fünf Jahren in ununterbrochener Abfolge. Palo Alto Networks bedient knapp die Hälfte der Global 2000 Unternehmen als Kunden. Revolutionär an der Lösung von Palo Alto Networks ist die Tatsache, dass es sich um eine integrierte Sicherheitsplattform-Lösung handelt, die sämtliche Angriffsszenarien, denen ein Unternehmen ausgesetzt sein kann, abdeckt. Palo Alto Networks wächst gemäß IDC (International Data Corporation) mit Raten von über 50% und damit weit überdurchschnittlich zum Markt und zu Wettbewerbern. Das Unternehmen gewinnt seit 15 aufeinanderfolgenden Quartalen jeweils mehr als 1.000 Neukunden pro Quartal. Palo Alto Networks bedient knapp die Hälfte der Global 2000 Unternehmen als Kunden. Insgesamt vertrauen mehr als 31000 Kunden auf die Lösungen von Palo Alto Networks. Das Unternehmen wurde jüngst von der San Francisco Business Times zum besten Arbeitgeber im Silicon Valley gewählt.

Morgen

Das Unternehmen ist einer der Hauptprofiteure der zunehmenden Digitalisierung sämtlicher Wirtschaftsbereiche. Palo Altos Sicherheitsplattform ist von Grund auf für die neue IT-Welt bestehend aus Themen wie Software als Cloudservice, soziale Netzwerke wie Facebook und LinkedIn, digitale Dokumentenverwaltung und Virtualisierung der Rechnerinfrastruktur ausgerichtet. Insbesondere tragen die Palo Alto Network Firewalls auch dem zunehmenden Einfluss mobiler Geräte wie Smartphones und Tablets Rechnung, die heute meist gleichzeitig privat und geschäftlich genutzt werden. Da

Unternehmen immer stärker vernetzt arbeiten, ergeben sich immer mehr Angriffsszenarien. Der Markt für Sicherheitslösungen im Unternehmensbereich soll bis zum Jahr 2019 auf rund $22 Mrd. steigen. Palo Alto Networks wird seine Sicherheitssoftware immer intelligenter gestalten und so bereits frühzeitig mögliche Angriffsszenarien erkennen. Hierzu werden verstärkt Investitionen in Themen wie Künstliche Intelligenz und Maschinelles Lernen getätigt.

Übermorgen

Palo Alto Networks dürfte mittelfristig als führender Sicherheitsanbieter für Unternehmen von den Megathemen Internet der Dinge, Industrie 4.0, Telemedizin und autonomen Fahren stark profitieren. Bisher sind Sicherheitslösungen auf die Abwehr von Angriffen in Unternehmen ausgerichtet. Palo Alto Networks könnte seine Sicherheitsplattform zu einer agilen unternehmensübergreifenden Cloudlösung ausbauen. Die Sicherheitslösungen werden wie andere IT-Dienstleistungen zunehmend virtualisiert, d.h. unabhängig von bestehenden Hardware-Umgebungen und somit flexibel einsetzbar. Das Kernelement der Palo Alto Network Strategie ist, von einem Sicherheitsanbieter zu einem allumfassenden Vertrauensanbieter für digitale Geschäftsprozesse zu werden.

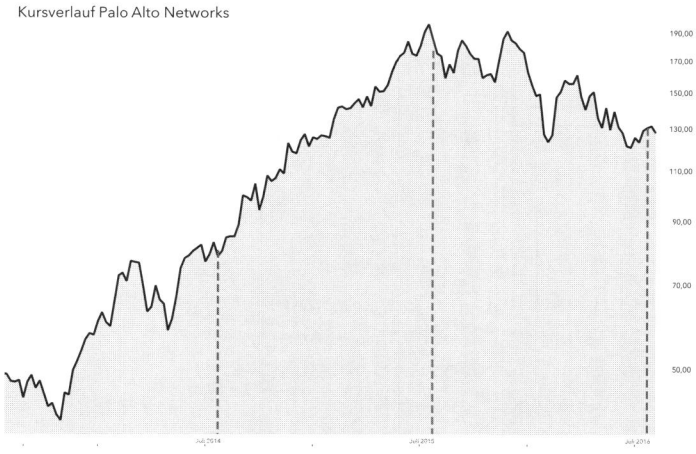

Kursverlauf Palo Alto Networks

PayPal

Gründung	CEO
1998	Dan Schulman
Sitz	Gründer
San Jose	Luke Nosek, Peter Thiel, Jawed Karim, Max
	Levchin, Elon Musk, Ken Howery

Mitarbeiter: > 13000

Heute

PayPal wurde 1998 gegründet und entstand aus der Fusion zweier Unternehmen der mittlerweile sehr bekannten Silicon Valley Gründer Peter Thiel und Elon Musk. Thiel und Musk hatten die Vision, einfach per E-Mail Geldtransfers zu tätigen, zu einer Zeit in der noch niemand an mobiles Bezahlen gedacht hat. Trotz vieler technischer und regulatorischer Herausforderungen gelang es PayPal sich durchzusetzen. Von großer strategischer Bedeutung war in den Anfangsjahren die starke Konzentration auf das Segment der Powerseller von eBay. Für die Bezahlprozesse hatte eBay selbst keine adäquate Lösung und entschied sich für die Partnerschaft mit PayPal. Trotz dem Platzen der Dot.com-Blase und der allgemein depressiven Stimmung für Internetaktien Anfang der 2000er-Jahre gelang PayPal im Jahr 2002 ein sehr erfolgreicher Börsengang. Noch im selben Jahr übernahm eBay das Unternehmen komplett. In der Zwischenzeit wächst das PayPal Geschäft deutlich schneller als das von eBay. Folgerichtig ist PayPal seit Sommer 2015 wieder als eigenständiges Unternehmen an der Börse notiert.

Morgen

PayPal gilt als einer der Hauptprofiteure des explosionsartig wachsenden mobilen eCommerce und des damit verbundenen mobilen Bezahlens. Das Unternehmen ist aufgrund seiner langjährigen Präsenz in mittlerweile 203 Märkten und 100 Währungen eine weithin bekannte und anerkannte Marke als Finanzdienstleister. In Großbritannien und Australien ist PayPal bereits die drittbekannteste Banking-Marke überhaupt. Ziel von PayPal ist es, die Nutzungshäufigkeit von 2-3-mal pro Monat auf Wochenbasis und später auf Tagesbasis zu steigern. Dafür muss aber das digitale mobile Bezahlen stark vereinfacht werden. Mit dem neuen »OneTouch«-Mechanismus kann ein Kunde über PayPal an der Ladenkasse innerhalb weniger Sekunden bezahlen. Die zugekaufte Venmo App ermöglicht das komfortable Überweisen von einer Person zu einer Zweiten. Bereits kurz nach der Markteinführung werden pro Quartal mehrere Milliarden Dollar Bezahltransaktionen über Venmo abgewickelt. Die mobilen Commerce Umsätze wachsen mit rund 40% pro Jahr aktuell 3mal schneller als der herkömmliche eCommerce.

Übermorgen

Die Steigerung von Mobile Commerce ist zukünftig contextual Commerce: Kunden werden damit in die Lage versetzt, aus jeder App nahtlos Kauftransaktionen durchzuführen. Das dahinter liegende Geschäftsvolumen ist gigantisch. Einen ersten Eindruck davon bekommen Facebook-Nutzer, die aus dem Messenger heraus Uber-Fahrdienste buchen können. Die nahtlose Bezahlabwicklung erfolgt über die PayPal-Tochter Braintree. Auch der größte unabhängige Zimmervermittler AirBnB gehört bereits zum Kundenstamm von Braintree. Gelingt PayPal die nahtlose Integration in mobile Bezahlvorgänge für die führenden Plattformbetreiber, dann kann PayPal, wie von Gründer Elon Musk vorgesagt, zu einer $100-Mrd.-Firma werden.

Kursverlauf PayPal

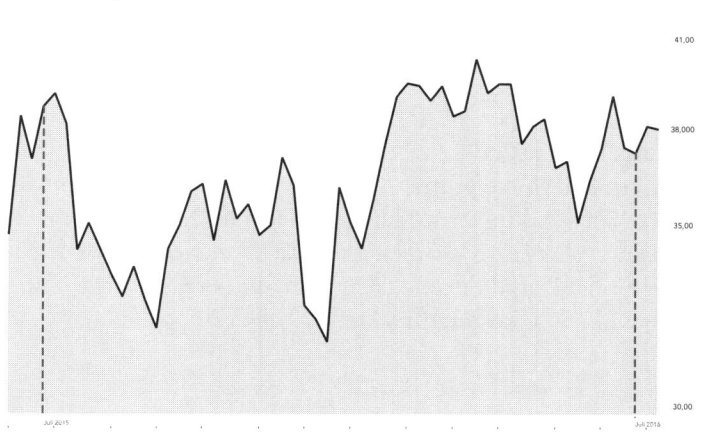

Salesforce

Gründung	CEO
1999	Marc Benioff
Sitz	Gründer
San Francisco, CA, USA	Marc Benioff, Parker Harris

Mitarbeiter: 12 000

Heute

Marc Benioff, ehemaliger Oracle-Manager, gründete zusammen mit drei Softwareentwicklern 1999 das Unternehmen Salesforce. Benioffs Idee war eine Kundenbeziehungsmanagement- und Vertriebssoftware (CRM) in der Cloud als Software-as-a-Service(SaaS)-Dienst anzubieten. Dies zu einer Zeit, als die Netzwerkverbindungen noch sehr langsam waren und an DSL nicht zu denken war. Förderlich für Benioff war die Tatsache, dass viele klassische CRM-Projekte in den späten 1990er-Jahren sehr teuer und aufwendig waren und viele Projekte an deren Komplexität scheiterten. Zu den frühen Investoren gehörte auch Larry Ellison, Gründer von Oracle, obwohl dieser damit einen zukünftigen Konkurrenten finanzierte. Benioff startete Salesforce aus einem Apartment in San Francisco, ging 2004 mit Salesforce an die Börse und führte das Unternehmen zum aktuell weltweit größten SaaS-Software-Anbieter. Salesforce ist nach Umsatzwachstum das am schnellsten wachsende Softwareunternehmen unter den zehn größten Softwareunternehmen weltweit. Das amerikanische *Forbes Magazine* wählte Salesforce 2012 zur innovativsten Firma in Amerika. Salesforce hat in den vergangenen Jahren rund 30 Start-ups aufgekauft und deren Technologie in ihre eigene Salesforce-Plattform integriert. Salesforce profitiert dabei von dem Trend der Anwender, die sich Business-Anwendungen wünschen, die so leicht zu bedienen sind wie Facebook oder LinkedIn. Gleichzeitig entscheiden sich immer mehr Unternehmen für einfache und flexible Lösungen aus der Cloud, die eine schnelle Einführung und einen kostengünstigen Betrieb ermöglichen.

Morgen

Salesforce entwickelt sich von einem cloudbasierten Softwareanbieter zu einer umfassenden Plattform. Dieses Salesforce-Ökosystem besteht aus der CRM-Lösung Salesforce sowie aus der Plattform Force.com, die es externen Entwicklern ermöglicht, Zusatzapplikationen zu Salesforce zu entwickeln und die auf den Servern von Salesforce betrieben werden können. Mit AppExchange verfügt Salesforce zudem über einen Marktplatz für Cloud-Computing Apps. Über 2000 Applikationen sind dort zu finden, welche über zwei Mio. Mal bei verschiedenen Kunden installiert wurden. In diese Strategie passt auch die in 2010 übernommene Infrastrukturplattform Heroku, mit der Entwickler eine cloudbasierte Entwicklungsumgebung inklusive Datenbanken zur Verfügung haben.

Übermorgen

Salesforce investiert massiv in zukünftiges Wachstum und hat zuletzt in Deutschland ebenfalls ein eigenes Rechenzentrum in Betrieb genommen, um den deutschen Datenschutzrichtlinien Rechnung zu tragen. Starkes Wachstumspotenzial sieht Salesforce dabei im deutschen Mittelstand, der im weltweiten Wettbewerb flexibel sein muss und agile Cloud-Software benötigt. Durch eine strategische Partnerschaft mit der Deutschen Telekom wird deren Kapazität aus Rechenzentren und Vertrieb für den Kundenaufbau in Deutschland genutzt. Im Geschäftsjahr 2015 sollen in Europa 500 neue Stellen geschaffen werden. Salesforce ist zudem ein starker Innovationstreiber im Bereich »Internet of Things« und hat seit 2014 einen eigenen Venture-Capital-Fonds, über den zielgerichtet Investments in mobile Apps getätigt werden.

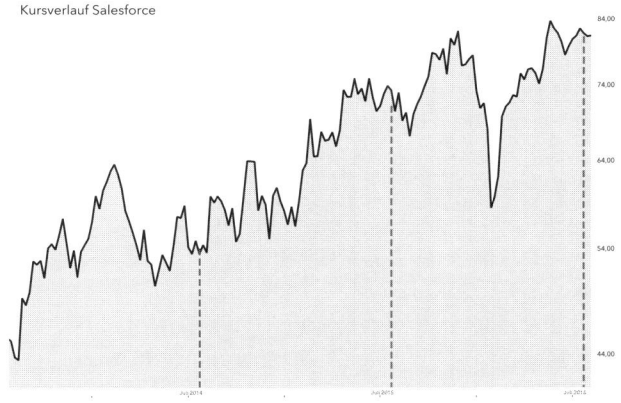

Kursverlauf Salesforce

Splunk

Gründung	CEO
2003	Godfrey Sullivan
Sitz	Gründer
San Francisco, CA, USA	Michael Baum, Rob Das, Erik Swan

Mitarbeiter: > 1000

Heute

Splunk wird als das Google für Logfiles bezeichnet. Die erste Suchmaschine, die in der Lage ist, IT-Daten zu analysieren und zu visualisieren. Die beiden Gründer Erik Swan und Rob Das haben den Firmennamen Splunk von »Spe-lunk-ing« abgeleitet, was so viel heißt wie die Erforschung von Höhlen. Genauso analysierten beide den Zustand Anfang der 2000er-Jahre, als sie mit vielen IT-Fachleuten über deren großes Problem der Analyse ihrer IT-Infrastruktur gesprochen haben. Zu diesem Zeitpunkt gab es keine Software, mit der man ad hoc feststellen konnte, welche Komponente der Flaschenhals in einem Netzwerk darstellt. Mühsam mussten die Datenaufzeichnungen (Logfiles), oft von Hand, analysiert werden. Beide erkannten schnell, dass Kunden bereit wären für eine entsprechende Softwarelösung zu bezahlen und dass der adressierte Markt sehr groß ist. Die Splunk-Vision, maschinengenerierte Daten zugreifbar und für jedermann im Unternehmen über eine einfache Weboberfläche sichtbar zu machen, wurde Realität. In der heutigen Big-Data-Welt mit explosionsartigem Wachstum der Datenquellen sowohl mobil als auch in der Cloud, sind die Lösungen von Splunk nicht mehr wegzudenken. Splunk sieht sich dabei als operationaler Intelligenzgeber des Unternehmens. Splunk verfügt über mehr als 7000 Kunden in 90 Ländern. Das Unternehmen ist finanziell grundsolide und verfügt über einen Bargeldbestand von $900 Mio., hat einen positiven Cashflow und keine Schulden. Splunk ist seit 2012 an der NASDAQ börsennotiert.

Morgen

Splunk bietet die Analysesoftware kostenlos als Download für eine temporäre Nutzung an. Meist wird Splunk zunächst in einem Unternehmensbereich eingesetzt und in der Folge, häufig durch Mund-zu-Mund-Propaganda, wird

die Software als Firmenlizenz für die unternehmensweite Nutzung einge-
kauft. Mittlerweile kommen 75% der Lizenzeinnahmen von bestehenden
Kunden, die Erweiterungen hinzubestellen. Splunk richtet sich zunehmend
noch branchenorientierter aus. Dazu gehören Lösungen für die Segmente
öffentliche Verwaltung, Online-Dienstleister, Finanzdienstleister, Gesundheitswesen, Einzelhandel und Telekommunikation. Mit einer Schnittstelle
zu der Open-Source-Big-Data-Analysesoftware Hadoop profitiert Splunk zudem von den Megatrends Big-Data- und Open-Source-Software.

Übermorgen

Das mittelfristige Ziel von Splunk ist es, seine Software-Plattform auf spezifische Anwendungsfälle auszubauen. Hierbei sieht sich Splunk als Pro-
fiteur in den Wachstumsbereichen Sicherheit, Cloud und Virtualisierung.
Splunk hat hierzu bereits erste spezifische Apps für das Windows-Betriebssystem, für den Virtualisierungsspezialisten VMware und für
firmenweite Sicherheitslösungen entwickelt. Das Megathema »Internet
der Dinge« mit seinen Milliarden von Sensoren und Datenpunkten wird
zu einer noch größeren Explosion an Datenvolumen führen als durch die
sozialen Netzwerke. Vorstellbar sind die Auswertungen von Gesundheits-
daten (Stichwort: Apple iWatch) oder die Auswertungen von Fahrzeugda-
ten (Stichwort: Apple- und Google-Betriebssysteme für das Auto).

Kursverlauf Splunk

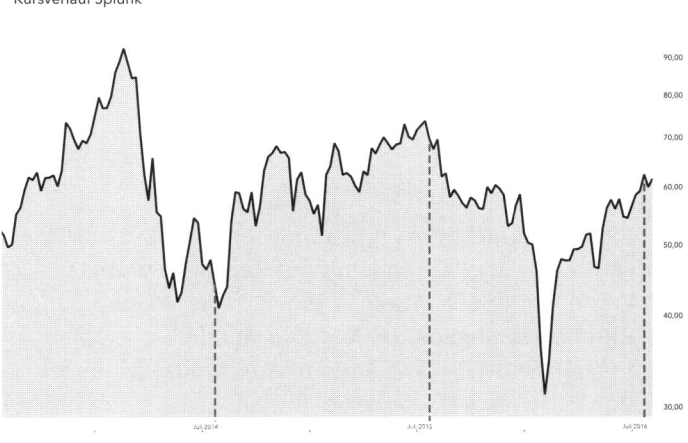

Tesla

Gründung	CEO
2003	Elon Musk
Sitz	Gründer
Palo Alto, CA, USA	Elon Musk, Martin Eberhard, Marc
	Tarpenning, JB Straubel, Ian Wright

Mitarbeiter: 10 000

Heute

Tesla ist angetreten, die Automobilindustrie umzukrempeln. Nachdem der frühere Paypal-Gründer Elon Musk das Ruder bei Tesla 2004 übernommen hat, wurden die erfolgreichen Praktiken beim Aufbau von Paypal auf Tesla übertragen. Tesla-Autos sind hauptsächlich softwarebasierte Systeme. Tesla wurde am Anfang wegen der Verwendung von Handy-Akkus als Batterien für den Elektroantrieb müde belächelt. Mit dem Einstieg von Daimler 2009 verbunden mit dem Abkommen für die Lieferung des Elektroantriebsstrangs für die Mercedes B-Klasse und einer Finanzspritze aus dem US-Energieministerium sowie dem Kauf einer stillgelegten Toyota-Fabrik war die Basis für Tesla gelegt. Der erfolgreiche Börsengang 2010 zu $17 pro Aktie brachte die notwendige finanzielle Traktion für die Expansion des Unternehmens. Mittlerweile hat sich der Börsenkurs mehr als verzehnfacht. Grund dafür ist, dass Tesla sich als der führende Elektroautobauer weltweit durchsetzt. Allein in 2016 werden voraussichtlich 80 000 E-Fahrzeuge ausgeliefert. Die Tesla Limousine »Modell S« ist in Norwegen, wo E-Autos bereits stark gefördert werden, das meistverkaufte Auto überhaupt.

Morgen

Tesla ist auf starkes Wachstum programmiert. Jährlich soll die Autoproduktion um 50% p.a. über einen längeren Zeitraum wachsen. Treiber des Wachstums sind die neuen Modelle eines SUV (Modell X) sowie eines kleineren Mittelklassewagens als Volumenmodell. Analysten der Deutschen Bank gehen von 129 000 verkauften »Model S« und »X« in 2017 aus, bis 2020 sollen es gar 500 000 Einheiten sein. Herzstück für die Wachstumspläne ist die neue milliardenteure Batteriefabrik Gigafactory, die in der Wüste von Nevada in Zusammenarbeit mit Panasonic entsteht. Ziel ist es, damit die Batteriekosten massiv zu senken und der geplanten steigenden Nachfrage gerecht zu werden.

Übermorgen

Tesla sieht sich selbst als innovative Energiefirma – nicht ohne Grund. Tesla hat alle Patente als Open Source uneingeschränkt der Konkurrenz und der Entwicklergemeinde zugänglich gemacht. Damit sollen Innovationen bei E-Autos angeheizt und massiv vorangetrieben werden. Tesla will somit zur führenden E-Auto-Plattform aufsteigen und die etablierten Autohersteller kräftig unter Druck setzen. Die von Tesla weltweit aufgestellten Ladestationen wirken zusammen mit den Tesla-Autos und deren Energiespeicher wie ein intelligentes Stromnetz. Zusätzliche Fantasie entsteht durch Solar City, dem größten amerikanischen Solarinstallationsunternehmen in den USA, welches ebenfalls zu Elon Musks Imperium gehört. Geht Musks Strategie mit Tesla auf, so kann er zukünftig von der Energieerzeugung über Speicherung bis hin zur Ladesäule ein intelligentes Energieunternehmen des 21. Jahrhunderts vorweisen.

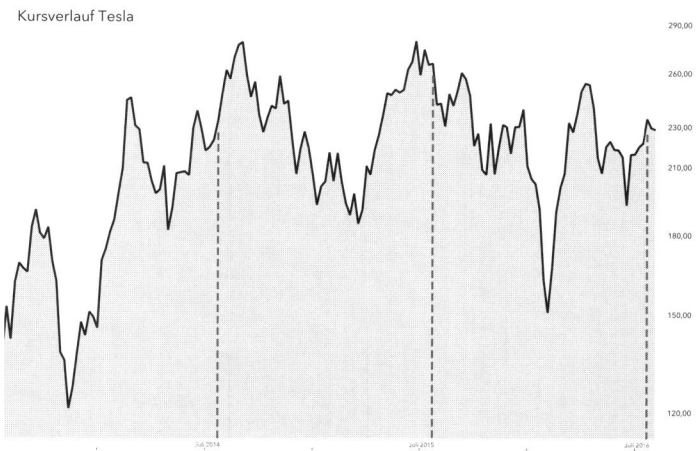

Kursverlauf Tesla

Workday

Gründung	CEO
2005	Dave Duffield
Sitz	Gründer
Pleasanton, CA, USA	Dave Duffield, Aneel Bhusri

Mitarbeiter: 2600

Heute

Fragt man SAP und Oracle nach seinen größten Konkurrenten, so wird häufig die Firma Workday ins Spiel gebracht. Workday wurde 2005 von Dave Duffield und Aneel Bhusri, zwei ehemaligen PeopleSoft-Managern, mit dem Ziel gegründet, die Welt der sogenannten ERP (Enterprise Resource Planning)-Software auf zwei Arten zu revolutionieren: Zum Ersten sollte die Software nicht mehr in langwierigen und aufwendigen Prozessen auf Rechnern eines Unternehmens installiert, sondern direkt über das Internet, also die Cloud, zur Verfügung gestellt werden. Zum Zweiten sollte die Benutzeroberfläche einfach und intuitiv bedienbar sein, vergleichbar mit privaten Internetdiensten wie Facebook und Twitter. Knapp zwei Jahre nach Unternehmensgründung lag bereits die erste Version für den Bereich Personalverwaltung als Cloud-Anwendung vor. Workday bietet im Gegensatz zu SAP keine Komplettlösung für die Unternehmenssteuerung an, sondern konzentriert sich auf die Module Personalverwaltung, Talentmanagement, Finanzmanagement sowie Gehaltsabrechnung. Workday wächst rasant. Es legte im Sommer 2012 einen sehr erfolgreichen Börsengang hin und weist eine Marktkapitalisierung von rund $15 Milliarden auf.

Morgen

Workday verfügt mittlerweile über mehr als 500 internationale Kunden. Der größte Kunde nutzt mehr als 200 000 Lizenzen. Die Umsätze wachsen aktuell mit 40% und sollen durch konsequente weltweite Markterschließung und den Ausbau des Partnerprogramms weiter im hohen zweistelligen Bereich bleiben. Da sich die Umsätze nicht sofort, dafür aber die Kosten sogleich in der Bilanz niederschlagen, hat Workday längere Zeit einen negativen Cash-Flow ausgewiesen. Mittlerweile generiert Workday pro Quartal einen freien Cash-Flow von über $100 Mio. Hält das Umsatzwachstum aber an, wird sich das aggressive Wachstum und die internationale Skalierung auszahlen. Workday hat den Vorteil, dass die komplette Unternehmens-DNA auf die Cloud ausgerichtet ist. Im Gegensatz zu Oracle und SAP müssen keine Altsysteme und Kundeninstallationen gewartet werden. Es muss immer nur eine Fassung angepasst und aktualisiert werden, welche dann alle Kunden über das Internet nutzen können. Workday ist 2012 und 2013 jeweils zum attraktivsten Arbeitgeber im Silicon Valley gewählt worden.

Übermorgen

Workday plant seine Produkte um Werkzeuge zur Datenanalyse auf Basis künstlicher Intelligenz auszubauen. Ähnlich den Produktempfehlungen von E-Commerce-Angeboten wie Amazon und Netflix oder in sozialen Netzwerken wie LinkedIn mit möglichen Empfehlungen für neue Geschäftskontakte will Workday die aggregierten Daten in den Workday-Clouds für seine Kunden nutzbar machen. Workday hat dazu mehr als eine Milliarde Profile und Stellenanzeigen aus den sozialen Netzwerken analysiert. Erste Services für Personalverwaltungen könnten die Anzeige von hochqualifizierten Mitarbeitern sein, die planen das Unternehmen zu verlassen, oder eine Auswahl von Mitarbeiterangeboten auf Jobportalen, die optimal zu den ausgeschriebenen Stellen passen. Ein anderes Tool für die Ausgabenverwaltung zeigt an, welche Mitarbeiter voraussichtlich die festgelegten Ausgabenbudgets überschreiten werden. Dieses Werkzeug schafft einen komplett neuen Markt, der für Workday als Technologieführer zu signifikanten Umsatzzuwächsen führen kann.

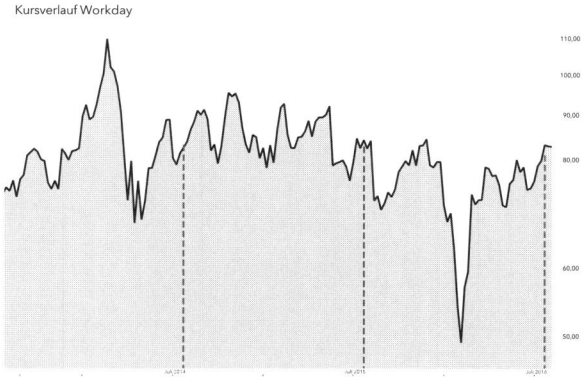

Kursverlauf Workday

3.3 Challenger – Die nächsten IPO-Kandidaten

Unternehmen wie Airbnb und Uber werden als heiße IPO-Kandidaten gehandelt. Noch nie gab es im Silicon Valley eine so hohe Anzahl an Unternehmen mit attraktiven Geschäftsmodellen, die auf dem Sprung an die Börse sind. Die neue Welt des App- und Cloud-Computing, gepaart mit neuen Geschäftsmodellen wie der Share Economy, schafft innerhalb kürzester Zeit neue Hoffnungsträger. Bei den Porträts handelt es sich um eine wohlüberlegte Auswahl ohne Anspruch auf Vollständigkeit.

Actifio

Gründung	CEO
2009	Ash Ashutosh
Sitz	Gründer
Waltham, Massachusetts, USA	Ash Ashutosh
Mitarbeiter	
400	

Firmenprofil

Actifio revolutioniert mit seinem Virtualisierungskonzept das Speicher-management von Daten. Zu den Kunden von Actifio zählen große Unternehmen und Serviceprovider. Nachdem Unternehmen in der ersten Stufe der Virtualisierung ihre Server und Netzwerke virtualisieren konnten, sorgt Actifio mit seiner sogenannten »virtuellen Datenpipeline-Technologie« dafür, dass die Daten von der physischen Datenspeicher-Infrastruktur separiert werden. Dies führt zu enormen Verbesserungen im flexiblen Zugriff auf die Daten, gerade im Hinblick auf neue Cloud-Computing-Szenarien. Daten müssen nicht mehr in einzelnen Datensilos gehalten werden, sondern können flexibel und unabhängig von ihrem Entstehungsort genutzt werden. Gerade größere Unternehmen mit großen Datenmengen und zahlreichen Datenbanken an unterschiedlichen Standorten können mit den Actifio-Lösungen »Big-Data-Analysen« fahren und gleichzeitig ihre Infrastrukturkosten für das Speichermanagement senken. Actifio gilt als das am schnellsten wachsende Speicherunternehmen der IT-Geschichte. Das Unternehmen wächst explosionsartig mit Raten im dreistelligen Prozentbereich. Actifios-Lösungen werden bereits in über 30 Ländern weltweit eingesetzt, was für eine konsequente und skalierbare Unternehmensentwicklung spricht. Zu den Investoren gehört auch die Risikokapitalfirma Andreessen Horowitz, welche normalerweise nur Deals im Silicon Valley macht. Das Konzept von Actifio war aber so überzeugend, dass Andreessen Horowitz innerhalb von neun Tagen in Actifio investiert hat. Nach Meinung von Andreessen Horowitz wird Actifio in Zukunft einen großen Teil des Speicher- und Backup-Markts für sich vereinnahmen.

Fazit

Attraktiver und großer adressierbarer Markt, Unternehmen mit technologischen Alleinstellungsmerkmalen, hohe Wachstumsraten, professionelles Management und Investoren.

Gesamtfinanzierung:
$207,5 Mio.

Anzahl Finanzierungsrunden:
5

Aktuelle Finanzierungsrunde:
$100 Mio. (März 2014)

Aktuelle Gesamtbewertung:
$1,1 Mrd. (März 2014)

Wichtigste Investoren:
Advanced Technology Ventures, Andreessen Horowitz, Greylock Partners, North Bridge Venture Partners, Tiger Global Management

Umsatz: geschätzt
$50 – $100 Mio. in 2013

IPO:
voraussichtlich 2016/2017
(Stand: 30.06.2016)

Airbnb

Gründung	CEO
2008	Brian Chesky
Sitz	Gründer
San Francisco, CA, USA	Brian Chesky, Joe Gebbia, Nathan Blecharczyk

Mitarbeiter: 600

Firmenprofil

Airbnb (Abkürzung für Airbedandbreakfast.com) gilt neben Uber als das Vorzeigeunternehmen für die sogenannte Share Economy, also das neue Phänomen im 21. Jahrhundert Dinge zu teilen, ohne sie zu besitzen. Gestartet aus einem Apartment in San Francisco, wo die Gründer im Jahr 2007 Luftmatratzen (englisch: Airbed) für ihre Gäste aufbliesen und sie im Rahmen einer Designkonferenz vermieteten, war die Idee für den Aufbau eines weltweiten Marktplatzes für die Vermietung von Privatunterkünften geboren. Airbnb nahm am Y Combinator-Programm teil und selbst Paul Graham, dessen Chef, war von der Geschäftsidee zunächst nicht sonderlich begeistert. Angetan war er von dem herausragenden und überzeugenden Gründerteam, was dann schließlich zur Finanzierung von Airbnb führte. Heute gehört Airbnb mit über 1,5 Mio. Übernachtungsmöglichkeiten neben illustren Namen wie InterContinental, Hilton und Marriott zu den weltweit größten Hoteliers und ist in 191 Ländern der Erde vertreten. Airbnb hat die Hotelbranche aufgeschreckt und nachhaltig verändert. Studien zeigen, dass insbesondere Hotels im Niedrigpreissegment mit Airbnb zu kämpfen haben. Allein in 2013 wurden über zehn Millionen Übernachtungen über Airbnb getätigt. Doch Airbnbs Strategie verweilt nicht bei Übernachtungen. Ziel ist die Abdeckung der kompletten Reise über Airbnb und die Schaffung eines gesamthaften Reiseerlebnisses. Erste Testprojekte wie die Buchung von privaten Mahlzeiten, Stadtführungen und Freizeit-Aktivitäten laufen bereits. Allerdings haben die Hotels und die Regulierungsbehörden Airbnb den Kampf angesagt. Airbnb vermittelt Dienstleistungen von Privatleuten, die in Konkurrenz zu kommerziellen Anbietern stehen.

Fazit

Attraktiver und großer adressierbarer Markt, hohe Wachstumsraten, professionelles Management und Investoren, aber Fragezeichen aufgrund extrem hoher Bewertung und Nachhaltigkeit des Geschäftsmodells wegen Konflikt mit Regulierungsbehörden.

Gesamtfinanzierung:
$3,39 Mrd.

Anzahl Finanzierungsrunden:
9

Aktuelle Finanzierungsrunde:
$1 Mrd.

Aktuelle Gesamtbewertung:
$25,5 Mrd. (Juni 2015)

Wichtigste Investoren:
Andreessen Horowitz, Axel Springer, Founders Fund, DST Group, Greylock Partners, Sequoia Capital, T. Row Price, Y Combinator

Umsatz: geschätzt
$900 Mio. in 2015

IPO:
voraussichtlich 2018/2020
(Stand: 30.06.2016)

AppDynamics

Gründung	CEO
2008	Jyoti Bansal
Sitz	Gründer
San Francisco, CA, USA	Jyoti Bansal

Mitarbeiter: 300

Firmenprofil

AppDynamics ist ein führendes Unternehmen im Bereich Application Performance Management (APM). Die Softwarelösungen von App Dynamics verwalten die Leistungen und Verfügbarkeiten von Anwendungen in Cloud-Computing-Umgebungen. AppDynamics bietet seine Software als Unternehmensinstallationen oder als Software-as-a-Service (SaaS) an. Im Gegensatz zu monolithisch geprägten Lösungen eignet sich die App-Dynamics-Software für dynamische und schnell wachsende Cloud-Computing-Umgebungen, in denen Tausende von Servern überwacht werden müssen. Die AppDynamics-Software ist zudem in der Lage, von den einzelnen Applikationen zu lernen und deren jeweiligen »Gesundheitszustand« einzusehen. Dies ist vor dem Hintergrund der verteilten und agilen Softwareentwicklung im Cloud Computing von immer größerer Bedeutung. Können doch so neue Versionen eingespielt und schnell auf ihre Funktionsweise über das Netzwerk getestet werden. Die AppDynamics-Lösungen kommen gut bei Kunden im Internet- und Telekommunikationsumfeld an, da diese eine hohe Servicequalität und Verfügbarkeit vorhalten müssen. Kunden wie das Reiseportal Expedia oder der Kabelnetzanbieter Cabelvision bezahlen mehr als $1 Mio. pro Jahr für AppDynamics-Lösungen. Der Markt, in dem sich AppDynamics bewegt, hat gemäß dem Marktforschungsunternehmen Gartner aktuell eine Größe von $18 Mrd. und wird dominiert von alteingesessenen Anbietern wie Computer Associates, Compuware und BMC-Software. Unternehmensgründer und CEO Jyoti Bansal sieht diese Unternehmen aber als wenig innovative Dinosaurier und geht davon aus, dass nahezu jegliches Geschäft zukünftig in die Cloud geht und er mit AppDynamics dementsprechend einer der Hauptprofiteure sein wird.

Fazit

Attraktiver und großer adressierbarer Markt, Unternehmen mit technologischen Alleinstellungsmerkmalen, hohe Wachstumsraten, professionelles Management und Investoren, aktuelles Fragezeichen aufgrund Patentstreit mit früherem Arbeitgeber Computer Associates.

Gesamtfinanzierung:
$288,1 Mio.

Anzahl Finanzierungsrunden:
8

Aktuelle Finanzierungsrunde:
$62,6 Mio. (April 2015)

Aktuelle Gesamtbewertung:
$1,8 Mrd. (April 2015)

Wichtigste Investoren:
Battery Ventures, Greylock Partners, Kleiner Perkins, Lightspeed Venture, Goldman Sachs, Silicon Valley Bank

Umsatz: geschätzt
$500 Mio. in 2014

IPO:
voraussichtlich 2016/2017
(Stand: 30.06.2016)

AppNexus

Gründung	CEO
2007	Brian O'Kelley
Sitz	Gründer
New York, NY, USA	Mike Nolet, Brian O'Kelley

Mitarbeiter: > 500

Firmenprofil

AppNexus ist die weltweit größte unabhängige Werbetechnologie (ad Tech)-Firma. Die Zentrale ist in New York, es existieren zehn weitere Büros weltweit. Die offene Handelsplattform von AppNexus ermöglicht Werbekunden den effektiven Kauf und Verkauf von Werbung in Echtzeit. Dafür erhält AppNexus eine Marge von 10%. Der CEO von AppNexus, Brian O'Kelley, bezeichnet sich selbst auch als genereller Erfinder der Echtzeitwerbebörse.

AppNexus steht einerseits vertrieblich und technisch im Spannungsfeld der Werbeplattformen von Google, Facebook und Twitter und andererseits von weiteren alternativen Werbeplattformen, die um die Gunst der Werbetreibenden buhlen.

AppNexus erzielte in 2014 einen Bruttowerbeumsatz von über $2 Mrd., bei einer Marge von zehn Prozent bleibt ein Umsatz von $200 Mio. Zum Vergleich erzielte Google rund $50 Mrd. und Facebook rund $10 Mrd. Werbeerlöse in 2014.

AppNexus ist bereits seit dem ersten Quartal 2014 profitabel, weist ein Wachstum von rund 100% auf und verfügt mit Jonathan Hsu, vorheriger CEO von 24/7 Media, über einen erfahrenen Finanzvorstand. Dies ist ein deutliches Zeichen für einen Börsengang in naher Zukunft. Unternehmenschef O'Kelly sieht in der Branche auch großen Konsolidierungsbedarf und möchte IPO-Jäger und nicht Gejagter sein sowie aktiv an weiteren Übernahmen arbeiten. Als strategischer Investor ist zuletzt mit WPP die weltweit größte Werbeholding bei AppNexus eingestiegen. Gemunkelt wurde ebenfalls über Gespräche mit dem chinesischen Internetriesen

Alibaba, der nach seinem erfolgreichen Börsengang viel Geld für Akquisitionen zur Verfügung hat.

Fazit

Attraktiver und großer adressierbarer Markt, Unternehmen mit technologischen Alleinstellungsmerkmalen, hohe Wachstumsraten, professionelles Management und Investoren, Markt jedoch hart umkämpft und dominiert durch Gorillas wie Google und Facebook.

Gesamtfinanzierung:
$364,5 Mio.

Anzahl Finanzierungsrunden:
8

Aktuelle Finanzierungsrunde:
$158 Mio.

Aktuelle Gesamtbewertung:
$1,9 Mrd. (November 2015)

Wichtigste Investoren:
First Round Capital, Khosla Ventures, Microsoft, Venrock, WWP

Umsatz: geschätzt
$250 Mio. in 2014

IPO:
voraussichtlich 2016/2017
(Stand: 30.06.2016)

Auction.com

Gründung	CEO
2007	Jeffrey Frieden
Sitz	Gründer
Irvine, CA, USA	Jeffrey Frieden, Robert Friedman

Mitarbeiter: > 900

Firmenprofil

Auction.com ist der führende amerikanische Onlinemarktplatz für Wohn-, Luxus-, Ferien- und Gewerbeimmobilien. Seit 2007 wurden über Auction. com Immobilien im Wert von mehr als $20 Mrd. vermittelt. Auction.com ist einer der Pioniere auf dem Gebiet der Onlineauktionen für Immobilien. Auction.com bietet neben dem Kauf und Verkauf von Immobilien auch Finanzierungen über deren Tochter Auction Finance an.

Der Einstieg von Google Capital signalisiert nach Aussage von Auction. com eine neue Ära für Immobilienauktionen und speziell für Gewerbeimmobilien. Über Auction.com wurden im Jahr 2013 Immobilien im Wert von über $7,5 Mrd. gehandelt.

Alphabet ist auf der Suche nach großen Märkten wie Gewerbeimmobilien, welche das Internet bisher nur unzureichend nutzen. Schätzungen gehen davon aus, dass es sich um einen Multi-Billionen-Markt handelt, der bezüglich Digitalisierung noch stark unterentwickelt ist. Der Einstieg von Google Capital bei Auction.com könnte das Unternehmen zu einem Vorreiter an Transparenz und Offenheit in diesem Markt machen und gleichzeitig die Transaktionsvolumina und die Umsätze deutlich nach oben treiben.

Fazit

Attraktiver und großer adressierbarer Markt, etabliertes Unternehmen mit 25-jähriger Markterfahrung und Erfolgsbilanz, hohe Wachstumsraten, professionelles Management und Investoren.

Gesamtfinanzierung:
$141,7 Mio.

Anzahl Finanzierungsrunden:
3

Aktuelle Finanzierungsrunde:
$50 Mio.

Aktuelle Gesamtbewertung:
$1,2 Mrd. (November 2015)

Wichtigste Investoren:
Google Capital, Stone Point Capital

Umsatz:
Bruttoumsätze in Höhe von $7,5 Mrd. in 2014

IPO:
voraussichtlich 2016/2017
(Stand: 30.06.2016)

Cloudera

Gründung	CEO
2008	Tom Reilly
Sitz	Gründer
Palo Alto, CA, USA	Mike Olson, Christophe Bisciglia, Amr Awadallah

Mitarbeiter: > 500

Firmenprofil

Cloudera ist neben Hortonworks und MapR einer der bedeutendsten Anbieter von Softwarelösungen und Diensten rund um die Open-Source-Software Hadoop. Cloudera bietet unter dem Namen CDH (Cloudera Distribution inklusive Hadoop) ihre Open-Source-Distribution an. Cloudera setzt über 50% seiner Ingenieursleistung im Unternehmen für die Weiterentwicklung der Open-Source-Lösung Hadoop ein. Cloudera wurde von drei Ingenieuren von Google, Yahoo und Facebook (Christophe Bisciglia, Amr Awadallah und Jeff Hammerbacher) sowie dem Ex-Oracle-Manager Mike Olson initiiert. Alle vier haben umfangreiche Erfahrungen im Bereich Open Source und der aus Yahoo heraus entstandenen Open-Source-Softwarelösung Hadoop.

Cloudera adressiert mit seinen Hadoop-Lösungen größere Mittelständler und Großunternehmen. Cloudera hat unter dem Stichwort Enterprise Data Hub kostenpflichtige Zusatzfunktionen wie Suche, Zugriffsmanagement und Revision entwickelt. Darüber hinaus verdient Cloudera sein Geld mit Beratung, Inbetriebnahme und Wartung von Hadoop-Lösungen bei Kunden. Cloudera orientiert sich an dem Open-Source-Freemium-Geschäftsmodell.

Seit 2014 sind mit Intel und Dell zwei große Hardwarehersteller als Investoren bei Cloudera eingestiegen. Ziel ist der gegenseitige Know-how-Transfer und Vertriebsanstrengungen im Firmenkundensegment. Dieses Vorgehen macht Sinn, sind doch Intel und Dell die dominierenden Hardwarehersteller für moderne Datencenter. Die zusätzlichen Finanzmittel sollen für Werbung und Weiterentwicklung der Software sowie für die Expansion nach Asien und Europa eingesetzt werden.

Fazit

Attraktiver und großer adressierbarer Markt, hohe Wachstumsraten, professionelles Management und Investoren, Fragezeichen aufgrund hoher Konkurrenzsituation und der weiteren Monetarisierung bei der internationalen Expansion sowie der Skalierbarkeit.

Gesamtfinanzierung:
$1,2 Mrd.

Anzahl Finanzierungsrunden:
7

Aktuelle Finanzierungsrunde:
$740 Mio. (März 2014)

Aktuelle Gesamtbewertung:
$4,1 Mrd. (März 2014)

Wichtigste Investoren:
Accel Partners, Google Ventures, Greylock Partners, Intel, Meritech Capital Partners, T. Rowe Price

Umsatz: geschätzt
> $100 Mio. in 2015

IPO:
voraussichtlich 2016/2017
(Stand: 30.06.2016)

CloudFlare

Gründung	CEO
2009	Matthew Prince

Sitz	Gründer
San Francisco, CA, USA	Lee Holloway, Michelle Zatlyn, Matthew Prince

Mitarbeiter: > 50

Firmenprofil

CloudFlare bietet ein sogenanntes Content-Delivery-Netzwerk (CDN) und weltweit verteilte Domain-Name-Server. Diese befinden sich zwischen Besuchern von Internetseiten und den Hosting-Anbietern der CloudFlare-Anwender. Die CloudFlare-Lösung sorgt für mehr Sicherheit und höhere Leistung und Geschwindigkeit beim Aufruf der unterstützten Internetseiten.

Kunden müssen dazu lediglich eine Änderung der Domain-Name-Server (DNS)-Einträge vornehmen. Die vom Anwender gewählte Internetadresse wird in eine Anschlussnummer (Internet-Protokoll-Adresse) umgewandelt, um den gewünschten Server zu erreichen.

CloudFlare schützt zudem Webseitenbetreiber auch vor unerwünschten Attacken durch Bots, Crawler oder sogenannte massive Angriffsattacken, welche Webseiten lahmlegen oder in ihrer Leistungsfähigkeit stark einschränken.

Mit CloudFlare Analytics können die Zugriffe auf die eigene Website analysiert werden.

CloudFlare-CEO Matthew Prince sieht sein Unternehmen als Konkurrent zu Cisco. Der Unterschied dabei ist, dass CloudFlare nur Software anbietet, während Cisco auch ein Hardware-Hersteller ist. Er vergleicht gerne CloudFlare als Plattform mit Amazon Web Services (AWS). CloudFlare ist Cashflow positiv und will sich langfristig an der Produktlinie von Cisco abarbeiten um das digitale Gegenstück zu liefern. Jeden Tag kommen rund 5000 Neukunden hinzu. CloudFlare kontrolliert mit seinen mehr als 20 Datencentern bereits 5% des gesamten Internetdatenverkehrs.

Fazit

Attraktiver und großer adressierbarer Markt, hohe Wachstumsraten, professionelles Management und Investoren, Fragezeichen aufgrund hoher Konkurrenzsituation durch Google und Akami.

Gesamtfinanzierung:
$182 Mio.

Anzahl Finanzierungsrunden:
5

Aktuelle Finanzierungsrunde:
$110 Mio. (September 2015)

Aktuelle Gesamtbewertung:
$1 Mrd. (Dezember 2012)

Wichtigste Investoren:
Baidu, Google Capital, Microsoft, Union Square Ventures, New Enterprise Associates, Venrock

Umsatz: geschätzt
$100 Mio. in 2015

IPO:
voraussichtlich 2017/2018
(Stand: 30.06.2016)

CreditKarma

Gründung	CEO
2007	Kenneth Lin
Sitz	Gründer
San Francisco, CA, USA	Kenneth Lin

Mitarbeiter: > 100

Firmenprofil

CreditKarma bietet Privatkunden die Möglichkeit, den eigenen Kreditscore zu verfolgen und davon zu profitieren. Der Zugang zum Kreditrating ist für den Anwender kostenfrei, ohne versteckte Kosten oder Bedingungen. Auf Basis der individuellen Ratings erhält der Anwender Zugang zu exklusiven Angeboten von Firmen, die ihre Produkte und Konditionen an die Kreditwürdigkeit binden. Sämtliche Entscheidungen und Aktionen wie z.B. Kaufentscheidungen oder Reisen bilden ein individuelles Karma ab. Das Kreditrating in Form eines abgeleiteten Index ist das Ergebnis hiervon. Konsumenten mit einem guten Kreditrating zahlen ihre Rechnungen pünktlich. Firmen sparen sich mit solchen Kunden viel Arbeit. CreditKarma bietet Kreditratings für die Eröffnung von Bankkonten, für private Immobilienversicherungen und Autoversicherungen an.

CreditKarma basiert auf einem Freemium-Geschäftsmodell, d.h. für Privatkunden ist der Dienst kostenfrei. CreditKarma verdient durch Onlinewerbung. Insgesamt sind auf der Plattform 50 Mio. Privatkunden registriert, die ein Volumen von $3 Billionen Verbindlichkeiten repräsentieren.

Zuletzt wurde das Unternehmen von der amerikanischen Aufsichtsbehörde Federal Trade Commission (FTC) angehalten, seine mobilen Apps mit einer verschlüsselten Verbindung auszurüsten. CreditKarma suggerierte gegenüber den Anwendern, dass die Datenübertragung über eine sichere Verbindung (SSL) läuft, was jedoch nicht gegeben war.

Fazit

Attraktiver und großer adressierbarer Markt, hohe Wachstumsraten, professionelles Management und Investoren, Fragezeichen beim Thema Datenschutz und der weiteren Monetarisierung.

Gesamtfinanzierung:
$368 Mio.

Anzahl Finanzierungsrunden:
6

Aktuelle Finanzierungsrunde:
$175 Mio. (Juni 2015)

Aktuelle Gesamtbewertung:
$3,5 Mrd. (Juni 2015)

Wichtigste Investoren:
500 Start-ups, Felicis Ventures, Google Capital, Ribbit Capital, SV Angel, Tiger Global Management

Umsatz: geschätzt
$200 Mio. in 2014

IPO:
voraussichtlich 2016/2017
(Stand: 30.06.2016)

Docker

Gründung	CEO
2010	Benjamin Golub
Sitz	Gründer
San Francisco	Solomon Hykes

Mitarbeiter: > 100

Firmenprofil

Docker ist die gleichnamige Firma, die hinter dem Open-Source-Software Projekt Docker steht. Offiziell gibt es das Docker-Projekt zwar erst seit Anfang 2013 und trotzdem setzen bereits alle wichtigen Cloud Plattformen wie Amazon AWS, Google Cloud und Microsoft Azure auf die Docker Technologie. Dementsprechend hoch ist der Anspruch von Docker: man will nichts weniger als den Softwareentwicklungsprozess von Grund auf revolutionieren. Docker ermöglicht das Paketieren von Software in Standard-Container. Ähnlich wie physische Container, die über Schiffe, Eisenbahnen und LKWs weltweit einheitlich transportiert werden, enthalten Software Container alle notwendigen Pakete wie den Code, die Laufzeitumgebung, System Werkzeuge und Bibliotheken inklusive einem Dateisystem. Damit sind Container überall gleich lauffähig, unabhängig von der darunterliegenden Hardware. Dies vereinfacht einerseits die Bereitstellung von Anwendungen, weil sich Container, die alle nötigen Pakete enthalten, leicht als Dateien transportieren und installieren lassen. Andererseits gewährleisten Container die Trennung der auf einem Rechner genutzten Ressourcen, sodass ein Container keinen Zugriff auf Ressourcen anderer Container hat. Gründer Solomon Hykes hat mit Docker die Vision, das Internet neu zu erfinden, und einen Computer von der Größe des Internets zu bauen. Der Waal im Firmenlogo von Docker steht symbolisch dafür. Ziel von Docker ist es, den Software-Entwicklern als Kunden weitere Funktionen zur Verfügung zu stellen, um die Docker-Technologie noch attraktiver zu machen. Im Gegensatz zu anderen Software-Unternehmen benötigt Docker keine große Vertriebsmannschaft, um seine Produkte auf dem Markt zu platzieren. Die weltweite Entwicklergemeinschaft sorgt selbst für die weitere Verbreitung, macht sie doch deren Leben leichter und sorgt für schnellere Projektlaufzeiten.

Fazit

Attraktiver und großer adressierbarer Markt, hohe Wachstumsraten, professionelles Management und Investoren, Fragezeichen aufgrund der starken Konkurrenz wie Google und Microsoft sowie bei der Monetarisierung, da das Geschäftsmodell noch ausgefeilt werden muss.

Gesamtfinanzierung:
$180 Mio.

Anzahl Finanzierungsrunden:
5

Aktuelle Finanzierungsrunde:
$18 Mio. (November 2015)

Aktuelle Gesamtbewertung:
$1 Mrd. (April 2015)

Wichtigste Investoren:
ACE & Co., Benchmark, Coatue Management, Goldman Sachs Group, Greylock Partners, Insight Venture Partners, Northern Trust Corp., Sequoia Capital, SV Angel, Y Combinator

Umsatz: geschätzt
keine Angaben

IPO:
Aktuell nicht geplant
(Stand: 30.06.2016)

DocuSign

Gründung	CEO
2003	Keith Krach
Sitz	Gründer
San Francisco, CA, USA	Tom Gonser

Mitarbeiter: > 500

Firmenprofil

DocuSign ist ein führendes Unternehmen auf dem Gebiet digitaler Unterschrift und Dokumentenmanagement. Über seine Transaktionsplattform werden Verträge und signierte Dokumente verwaltet und abgewickelt. Der DocuSign-Dienst beinhaltet ein Authentifizierungs- und Identitäts-Management für Anwender sowie die komplette Workflow-Automation für elektronische Dokumente. Die über DocuSign durchgeführten Signaturen entsprechen den amerikanischen und europäischen Verordnungen für digitale Unterschriften. Die gespeicherte Signatur kann für PDF- und Textverarbeitungs-Dokumente sowie Bilder verwendet werden. Um ein Dokument zu unterschreiben, müssen die Teilnehmer ihre Signatur einfügen und das vollständige Dokument für die abschließende Verifizierung in den Cloudspeicher senden. Aktuell nutzen über 85 Millionen Kunden DocuSign für das Signieren und Versenden von Vertrags- und Steuerdokumenten. Um zum Standardanbieter zu werden, expandiert DocuSign in rasantem Tempo weltweit. Von Anfang 2013 bis Ende 2014 stieg die Mitarbeiterzahl von 300 auf über 1000. Mittlerweile nutzen 90% der »Fortune-500-Firmen« den DocuSign-Dienst. Wichtigste Branchen sind aktuell Pharma, Versicherung, Finanzdienstleistung und Konsumgüter. DocuSign kann sowohl als Webdienst wie auch als App für Smartphones und Tablets genutzt werden. Im Apple App Store gehört die DocuSign-App zu den beliebtesten Produktivitätsapps. Aktuell werden von Kunden bereits in 188 Ländern Dokumente mittels DocuSign signiert. Der CEO Keith Krach schließt eine Übernahme durch ein anderes Unternehmen aus, da der Übernahmepreis nicht dem realen Unternehmenswert entsprechen würde. Logische Konsequenz ist dementsprechend ein geplanter Börsengang von DocuSign.

Fazit

Attraktiver und großer adressierbarer Markt, Unternehmen mit technologischen Alleinstellungsmerkmalen, hohe Wachstumsraten, professionelles Management und Investoren.

Gesamtfinanzierung:
$512,2 Mio.

Anzahl Finanzierungsrunden:
13

Aktuelle Finanzierungsrunde:
$278 Mio. (Mai 2015)

Aktuelle Gesamtbewertung:
$3 Mrd. (April 2015)

Wichtigste Investoren:
Accel Partners, Comcast Ventures, Dell Ventures, Google Ventures, Ignition Partners, Intel Capital, Kleiner Perkins, Salesforce, Sapphire Ventures, BBV Ventures, Telstra, Visa

Umsatz: geschätzt
$100 Mio. in 2014

IPO:
voraussichtlich 2016/2017
(Stand: 30.06.2016)

Dropbox

Gründung	CEO
2007	Drew Houston
Sitz	Gründer
San Francisco, CA, USA	Arash Ferdowsi, Drew Houston

Mitarbeiter: > 500

Firmenprofil

Der Speicherdienst Dropbox gehört neben Uber, Airbnb und Snapchat zu den am höchsten bewerteten Start-ups (über $10 Mrd.). Drew Houston, Co-Gründer von Dropbox, kam 2007 auf die Dropbox-Idee, nachdem er seinen USB-Stick mit wichtigen Unterlagen vergessen hatte. Houston und sein Co-Gründer Ferdowsi übersiedelten ins Silicon Valley und durchliefen erfolgreich das Y Combinator-Programm. Dropbox wurde unter Anwendern schnell zur beliebtesten Cloud-Anwendung. Die Nutzerzahlen steigen rasant und der Dienst wird umso wertvoller, je mehr Anwender ihn nutzen. Dropbox ist in der Anwendung sehr komfortabel. Man kann den Dienst auf allen Endgeräten nutzen und über ein lokales Icon am Rechner einfach darauf zugreifen. Eine Funktion, die Steve Jobs so spannend fand, dass er zu Lebzeiten das Start-up gerne gekauft hätte, die Gründer lehnten damals aber ab. Dropbox verfügt aktuell über rund 400 Millionen Endkunden und vier Millionen Geschäftskunden. Umsätze erzielt das Unternehmen durch den Verkauf von ergänzendem Speicher und durch Bezahlfunktionen in der Geschäftskundenlösung. Steve Jobs hielt Dropbox für einen Dienst, nicht aber für eine Plattform. Genau diesen Beweis muss das Unternehmen in Zukunft erbringen, ist es doch härtester Konkurrenz durch vergleichbare Dienste von Apple, Google, Microsoft und box ausgesetzt.

Fazit

Attraktiver und großer adressierbarer Markt, hohe Wachstumsraten, professionelles Management und Investoren, Fragezeichen beim Thema Datenschutz, der weiteren Monetarisierung sowie der hohen Konkurrenzsituation.

Gesamtfinanzierung:
$1,1 Mrd.

Anzahl Finanzierungsrunden:
6

Aktuelle Finanzierungsrunde:
$500 Mio. (April 2014)

Aktuelle Gesamtbewertung:
$10 Mrd. (April 20154)

Wichtigste Investoren:
Accel Partners, Benchmark Capital, BlackRock Private Equity, Goldman Sachs, Greylock Ventures, Index Ventures, Salesforce Ventures, Sequoia Capital, T. Row Prince, Y Combinator

Umsatz: geschätzt
$400 Mio. in 2014

IPO:
voraussichtlich 2016/2017
(Stand: 30.06.2016)

Eventbrite

Gründung	CEO
2006	Kevin Hartz
Sitz	Gründer
San Francisco, CA, USA	Renaud Visage, Julia Hartz, Kevin Hartz

Mitarbeiter: > 200

Firmenprofil

Eventbrite ist eine führende Online-Ticket-Plattform, über die Veranstalter Events aus einem Guss planen und vermarkten und die zugehörigen Eintrittskarten direkt verkaufen können. Die geplanten Events können aus der Plattform komfortabel in die sozialen Netzwerke wie Facebook und Twitter publiziert werden. Veranstalter können über die Verwaltungstools z.B. die Gästeliste und in Echtzeit Ticketverkäufe jederzeit einsehen sowie die Validierung der Tickets über die Barcodes am Smartphone vornehmen. Privatanwender können über Eventbrite nach interessanten Events suchen. Man bekommt neue Events empfohlen und kann bei Hinterlegung der Kreditkarte auch die Tickets komfortabel online kaufen. Eventbrite hat insbesondere in der Technologieszene einen großen Zulauf. Viele nationale wie internationale IT-Veranstaltungen werden über Eventbrite abgewickelt. Eventbrite ist nicht nur voll digital, sondern auch durch seine Apps für die unterschiedlichen Smartphonebetriebssysteme von Apple und Google komfortabel im Zeitalter des Mobile Commerce zu bedienen. Eventbrite ist mittlerweile in Englisch, Deutsch, Spanisch, Französisch, Italienisch, Niederländisch, Portugiesisch und Schwedisch verfügbar. Das Unternehmen expandiert mit eigenen Büros weltweit, um lokale Märkte für die Plattform zu erschließen. Eventbrite wird von dem Ehepaar Hartz geführt, welches das Unternehmen mitgegründet hat. Eventbrite verdient an jedem verkauften Ticket über eine Basisrate von $0,99 sowie eine ticketpreisabhängige Gebühr von 2,5%. Allein im Jahr 2013 wurden über die Plattform rund 60 Millionen Tickets verkauft.

Fazit

Attraktiver und großer adressierbarer Markt, hohe Wachstumsraten, professionelles Management und Investoren, Fragezeichen bei internationaler Marktdurchdringung aufgrund der internationalen Konkurrenzsituation.

Gesamtfinanzierung:
$199 Mio.

Anzahl Finanzierungsrunden:
9

Aktuelle Finanzierungsrunde:
$60 Mio. (März 2014)

Aktuelle Gesamtbewertung:
$1 Mrd. (März 2014)

Wichtigste Investoren:
DAG Ventures, Sequoia Capital, T. Rowe Price, Tenaya Capital, Tiger Global Management

Umsatz: geschätzt
$84 Mio. in 2013

IPO:
Aktuell nicht geplant
(Stand: 30.06.2016)

Evernote

Gründung	CEO
2007	Phil Libin
Sitz	Gründer
Redwood City, CA, USA	Stepan Pachikov

Mitarbeiter: 400

Firmenprofil

Evernote entstand aus der Idee, Notizen, Bilder und Inhalte von Webseiten digital über unterschiedliche Endgeräte und Plattformen elektronisch in Ordnern abzulegen, mit Stichwörtern zu versehen und damit jederzeit auffindbar zu machen. Evernote gilt als einer der Vorreiter des Cloud-Computing und der intelligenten Verknüpfung der App-Welt mit der Cloud-Welt. Die Synchronisierungsfunktion ermöglicht es, dass man seine Inhalte jederzeit auf allen Plattformen auf aktualisiertem Stand hat. Evernote ist damit die perfekte Anwendung, um über das Smartphone, Tablet oder stationären Rechner auf seine Dokumente einheitlich zugreifen zu können. Evernote unterstützt alle wichtigen mobilen Betriebssysteme und legt beim Design großen Wert auf die volle Nutzung der individuellen Features. Die Evernote-App gehört deshalb auch zu den weltweit beliebtesten Apps und wird mittlerweile von über 150 Millionen Anwendern genutzt. Evernotes langfristiges Ziel ist es, monolithische Programme wie Office überflüssig zu machen. Microsoft gilt als einer der Hauptkonkurrenten von Evernote. Evernote bietet mittlerweile eine breite Produktpalette von ergänzenden Apps sowie einen Onlinemarktplatz, über den gebrandete Produkte wie z.B. Moleskine-Notizbücher gekauft werden können. Das Geschäftsmodell von Evernote fußt auf dem Freemium-Ansatz: Die Apps sind grundsätzlich kostenfrei; wer mehr Speicher und erweiterte Funktionen benötigt, kann auf die Bezahlversion umsteigen, die bei einer Jahresgebühr von aktuell 29,99 EUR für ein Plus-Abo und bei 59,99 EUR für ein Premium-Abo liegt. Evernote bietet zudem seit zwei Jahren eine Version für Unternehmen an, die bereits sehr gut angenommen wird. Tendenziell ist zu erkennen, dass Anwender zum Evernote-Bezahlkunden werden, je länger sie die Anwendung nutzen.

Fazit

Attraktiver und großer adressierbarer Markt, Unternehmen mit technologischen Alleinstellungsmerkmalen, hohe Wachstumsraten, professionelles Management und Investoren, Fragezeichen beim Thema Datenschutz und der Konkurrenzsituation durch Microsoft und Google.

Gesamtfinanzierung:
$290 Mio.

Anzahl Finanzierungsrunden:
11

Aktuelle Finanzierungsrunde:
$20 Mio. (November 2014)

Aktuelle Gesamtbewertung:
$1 Mrd. (Mai 2012)

Wichtigste Investoren:
Allen & Co., China Broadband Capital, DoCoMo Capital, Meritech Capital, Morgenthaler Ventures, Sequoia Capital, T. Row Price

Umsatz: geschätzt
$64 Mio. in 2014

IPO:
aktuell nicht geplant
(Stand: 30.06.2016)

Fanatics

Gründung	CEO
1995	Alan Trager
Sitz	Gründer
Jacksonville, FL, USA	Mitch Trager, Alan Trager

Mitarbeiter: > 1000

Firmenprofil

Fanatics gehört zu den weltweit führenden Onlinehändlern für Merchandising im Sportartikel-Bereich. Fanatics bietet einen Rundum-Service für E-Commerce, Merchandising, Marketing und Lieferservice für die US-amerikanischen Profiligen und deren Sportteams. Fanatics betreibt neben eigenen Internetverkaufsseiten auch die Merchandising-Seiten der wichtigsten amerikanischen Profiligen Football, Basketball und Eishockey sowie die Motosport-Liga NASCAR und die Golftour PGA sowie der Fernsehsender NBC Sports, CBS Sports und Fox Sports, welche die Übertragungsrechte der Sportligen halten. Fanatics unterhält zudem Geschäftsbeziehungen zu über 1000 Lieferanten wie Nike, Reebok und Adidas. Zudem besitzt Fanatics die Marke Fanatics Apparel, die Eigenmarken produziert.

Fanatics vernetzt mit seinen Internetportalen einzigartig die Ligen, Teams, TV-Netzwerke und Sportartikelhersteller. Die ständig steigende Popularität der amerikanischen Profiligen, national wie international, wird durch das Internet und die Globalisierung noch befeuert. Fanatics kann dieses weltweite Interesse an den amerikanischen Sportligen durch seine Internetshops bestens bedienen.

Spezialisierte E-Commerce-Anbieter wie Fanatics könnten für global agierende E-Commerce-Unternehmen wie Amazon und Alibaba lukrative Übernahmeziele sein. Diese könnten mit ihrer weltweiten Logistikinfrastruktur und ihrem weltweiten Kundenstamm das Geschäftsvolumen und die Profitabilität von Fanatics deutlich ausbauen.

Fazit

Attraktiver und großer adressierbarer Markt, hohe Wachstumsraten, professionelles Management und Investoren, Fragezeichen aufgrund Konkurrenzsituation.

Gesamtfinanzierung:
$630 Mio.

Anzahl Finanzierungsrunden:
4

Aktuelle Finanzierungsrunde:
$300 Mio. (August 2015)

Aktuelle Gesamtbewertung:
$3 Mrd. (August 2015)

Wichtigste Investoren:
Alibaba Group, Andreessen Horowitz, Insight Venture Partners, Silver Lake Partners, Temasek Holdings

Umsatz: geschätzt
$1 Mrd. in 2013

IPO:
Aktuell nicht geplant

(Stand: 30.06.2016)

GitHub

Gründung	CEO
2008	Chris Wanstrath
Sitz	Gründer
San Francisco	Tom Preston-Werner, Chris Wanstrath, PJ Hyett

Mitarbeiter: 460

Firmenprofil

GitHub ist die weltweit bedeutendste Internet Seite, auf der Software Entwickler ihre Quellprogramme zum Abruf und Austausch ablegen. Die Seite, die als das »Facebook für Programmierer« gilt, hat mittlerweile über 14 Mio. registrierte Nutzer weltweit mit über 35 Millionen gespeicherten Projekten. GitHub ist die wichtigste Anlaufstelle im Internet für Open-Source-Software, d.h. Software, die in Projekten frei wiederverwendet werden darf. Die wichtigste Open-Source-Software ist das Betriebssystem Linux, welches von Linus Torvalds initiiert wurde. Torvalds hatte in den 1990er-Jahren extra für die weltweite Linux-Entwicklergemeinde ein Versionsverwaltungssytem unter dem Namen Git entwickelt, was namensgebend für GitHub wurde. Die GitHub Gründer erkannten nach einem Vortrag von Torvalds die Bedeutung von Git als Basis für eine webbasierte Entwicklerplattform. Inspiriert von dem Aufkommen sozialer Netzwerke entwickelten die GitHub Gründer eine am Nutzerprofil ausgerichtete Benutzeroberfläche, die ein komfortables Erstellen von Projekten, aber auch die Arbeit in Teams in Softwareprojekten ermöglicht. Auch bei den ganz großen Playern am Markt wie Google, Facebook, Microsoft, Tesla und Twitter traf GitHub gleich auf großen Wiederhall. Sämtliche freigegebene Open-Source-Software der namhaftesten Internet-Unternehmen findet man auf GitHub. Erst kürzlich hat Google seine Künstliche-Intelligenz-Software auf GitHub für die Allgemeinheit freigegeben. Unabhängig von Raum und Zeit können sich nun Entwickler weit ab vom Silicon Valley an den wichtigsten »Kronjuwelen« des Suchmaschinen Riesen bedienen und daraus neue Anwendungen bauen. Aktuell gewinnt GitHub jede Woche über 60.000 Mitglieder hinzu. Kostenpflichtig sind Firmen- und Projektlizenzen. Nach Aussage der Gründer hat GitHub schon am ersten Tag des Betriebs Geld eingespielt. GitHub gehört zu den 100 am meisten frequentierten

Internetseiten weltweit. In dieser Zahl wird die zunehmende Bedeutung des Themas Software deutlich.

Fazit

Attraktiver und großer adressierbarer Markt, hohe Wachstumsraten, professionelles Management und Investoren. Fragezeichen aufgrund der starken Konkurrenz mit Anbietern wie Atlassian, Microsoft und Google.

Gesamtfinanzierung:
$350 Mio.

Anzahl Finanzierungsrunden:
2

Aktuelle Finanzierungsrunde:
$250 Mio.

Aktuelle Gesamtbewertung:
$2 Mrd.

Wichtigste Investoren:
Andreessen Horowitz, Institutional Venture Partners, Sequoia Capital, SV Angel, Thrive Capital

Umsatz: geschätzt
$100 Mio. in 2015

IPO:
Aktuell nicht geplant
(Stand: 30.06.2016)

GoodTechnology

Gründung	CEO
1996	Christy Wyatt
Sitz	Gründer
Sunnyvale, CA, USA	Trae Vassallo, David Whorton

Mitarbeiter: > 500

Firmenprofil

Good Technology entwickelt Produkte zur Verwaltung und Absicherung mobiler Geräte in Unternehmensumgebungen. Im Kern geht es um Sicherheitslösungen für Apps und Datenaustausch mobiler Geräte im Unternehmenseinsatz.

Good Technology wurde bereits 1996, also vor dem Mobilboom gegründet, verfügt über einen breiten Entwicklungs- und Erfahrungsschatz und hält mehr als 150 Patente auf dem Gebiet der mobilen Datensicherheit. Kernstück ist eine sichere Mobilitätsplattform, auf der Unternehmen ihre Apps und die mobile Datenkommunikation in heterogenen Umgebungen, bestehend aus PCs, Notebooks, Tablets und Smartphones, sicher betreiben können. Zudem gehört ein Managementprogramm für die Verwaltung mobiler Geräte sowie kollaborative Anwendungen für Mobilumgebungen zur Lösungspalette von Good Technology. Good Technology hat durch zielgerichtete Übernahmen sein Lösungsportfolio konsequent erweitert.

Mittlerweile setzen über 5000 Unternehmen die Lösungen von Good Technology in Branchen wie Finanzdienstleistung, Gesundheitswesen, Produktion, Energie, Technologie, Rechtswesen und öffentliche Verwaltung ein. Wachstumstreiber ist die Popularität von Tablets und Smartphones auch für den geschäftlichen Einsatz. Immer mehr Führungskräfte und Mitarbeiter wollen ihre privat genutzten Smartphones und Tablets auch im Unternehmensumfeld einsetzen. Unter dem Stichwort Bring Your Own Device (BYOD) hat sich dies zu einem Megatrend entwickelt. Good Technology hatte den Börsengang für 2014 bereits angekündigt, aber aufgrund volatiler Märkte auf einen späteren Zeitpunkt verschoben.

Fazit

Attraktiver und großer adressierbarer Markt, hohe Wachstumsraten, professionelles Management und Investoren, Fragezeichen aufgrund der starken Konkurrenz mit Anbietern wie Microsoft und SAP sowie diversen Start-ups.

Gesamtfinanzierung:
$291,3 Mio.

Anzahl Finanzierungsrunden:
6

Aktuelle Finanzierungsrunde:
$80 Mio. (September 2014)

Aktuelle Gesamtbewertung:
$1 Mrd. (September 2014)

Wichtigste Investoren:
Altitude Capital, Bessemer Venture, Draper Fisher, GE Capital, McAfee, Meritech Capital, New Enterprise Associates

Umsatz: geschätzt
$160,4 Mio. in 2013

IPO:
Voraussichtlich 2015
(Stand: 30.06.2016)

Jawbone

Gründung	CEO
1999	Hosain Rahman
Sitz	Gründer
San Francisco, CA, USA	Hosain Rahman, Alexander Asseilly
Mitarbeiter: > 200	

Firmenprofil

Jawbone entwickelt und vertreibt designorientierte Boxen, Kopfhörer, Fitnessarmbänder und die dazugehörige Software und Dienste. Das Unternehmen gilt als der führende Vertreter der Produktkategorie der »Wearables«, die nach Smartphones und Tablets als die neueste Errungenschaft für eine total vernetzte Welt gelten. In der IT-Welt spricht man auch vom neuen Megatrend »Internet der Dinge«. Der Mitgründer von Jawbone Hossain Rahman bezeichnet diesen Trend auch als »Internet of me«.

Auch Jawbone ist ein Produkt von Absolventen der Stanford-Universität. Alexander Asseily und Hosain Rahman entwickelten zunächst Audiokommunikationslösungen für das amerikanische Militär, welche Soldaten eine verbesserte Sprachkommunikation in schwer zugänglichen Kriegsgebieten ermöglichte. Schnell erkannten die beiden aber, dass sich die entwickelten Lösungen auch hervorragend für den Einsatz im Privatbereich eignen und begannen mit der Entwicklung designorientierter Boxen und Kopfhörer. Der Boom der iPods, Smartphones und Musikstreaming-Dienste hat den Jawbone-Produkten einen großen Zulauf gebracht. Jawbone gehört zu den wenigen Unternehmen, deren Produkte auch direkt in Apple Stores verkauft werden. Die Jawbone-Fitnessarmbänder sprechen den Wachstumsmarkt Fitness und Gesundheit an und erhalten einen zusätzlichen Auftrieb durch das iPhone 6 und das neue iOS-Betriebssystem, welches mit dem HealthKit umfassende Schnittstellen für neue Anwendungsszenarien bietet. ProSiebenSat.1 hat sich über Seven Ventures beteiligt und es wird gemunkelt, dass Apple Jawbone aufkaufen könnte um neben der geplanten iWatch ein neues Geschäftsfeld »Wearables« aufzubauen.

Fazit

Attraktiver und großer adressierbarer Markt, hohe Wachstumsraten, professionelles Management und Investoren, Fragezeichen hinsichtlich der weltweiten Akzeptanz des Segments »Wearables«.

Gesamtfinanzierung:
$983 Mio.

Anzahl Finanzierungsrunden:
13

Aktuelle Finanzierungsrunde:
$165 Mio. (Januar 2016)

Aktuelle Gesamtbewertung:
$1,5 Mrd. (Januar 2016)

Wichtigste Investoren:
Andreessen Horowitz, Deutsche Telekom, JPMorgan Chase, Khosla Ventures, Kleiner Perkins, Rizvi Traverse Management, Sequoia Capital

Umsatz: geschätzt
$600 Mio. in 2014

IPO:
voraussichtlich 2016/2017
(Stand: 30.06.2016)

MapR

Gründung	CEO
2009	John Schroeder
Sitz	Gründer
San Jose, CA, USA	M.C. Srivas, John Schroeder

Mitarbeiter: > 200

Firmenprofil

MapR bietet branchenorientierte Big-Data-Analysesoftwarelösungen an. Basis ist die Open-Source-Big-Data-Software Hadoop, die aus einem Projekt bei Yahoo entstand. Im Gegensatz zu seinen drei Wettbewerbern Cloudera und Hortonworks bestehen die MapR-Lösungen aus rund 20% Eigenentwicklungen und lediglich 80% Open Source. MapR hat die im Kern führende Big-Data-Software Hadoop zu einer professionellen Geschäftsanwendung weiterentwickelt, die durch Hochverfügbarkeit, Wiederherstellung nach Systemausfällen und Datensicherheit glänzt. Ein starker Fokus wird bei MapR auf die Aspekte Bedienerfreundlichkeit bei Installation und Anwendung der Software gelegt.

MapR hat zudem Alleinstellungsmerkmale durch eine konsequent branchenorientierte Ausrichtung für Finanzdienstleistung, Behörden, Gesundheit, Produktion, Medien, Handel und Telekommunikation. MapR setzt sich durch die Fähigkeit, Hadoop für Echtzeitanwendungsfälle zu nutzen, von der Konkurrenz ab. MapR verfügt mit Amazon, Cisco, Google und HP über ein sehr gutes Partner-Ökosystem für den Vertrieb. MapR hat aktuell mehr als 500 Kunden und wächst mit dreistelligen Raten.

Die Mittel aus den aktuellen Finanzierungsrunden fließen nach Aussage des Vorstands insbesondere in die internationalen Märkte, in neue Open-Source-Projekte sowie in die Vorbereitung des geplanten Börsengangs.

Fazit

Attraktiver und großer adressierbarer Markt, Unternehmen mit technologischen Alleinstellungsmerkmalen, hohe Wachstumsraten, professionelles

Management und Investoren, aktuell überproportional hohe Ausgaben für Vertrieb im Vergleich zu erzielten Umsatzerlösen.

Gesamtfinanzierung:
$174 Mio.

Anzahl Finanzierungsrunden:
4

Aktuelle Finanzierungsrunde:
$110 Mio. (Juni 2014)

Aktuelle Gesamtbewertung:
$1 Mrd. (Juni 2014)

Wichtigste Investoren:
Redpoint Ventures, New Enterprise Associates, Mayfield Fund, Lightspeed Venture Partners, Qualcomm Ventures, Google Capital

Umsatz: geschätzt
$50 – $70 Mio. in 2013

IPO:
voraussichtlich 2016/2017
(Stand: 30.06.2016)

MongoDB

Gründung	CEO
2007	Dev Ittycheria
Sitz	Gründer
New York, NY, USA	Kevin Ryan, Eliot Horowitz, Dwight Merriman

Mitarbeiter: > 250

Firmenprofil

MongoDB ist Entwickler der gleichnamigen Datenbank. Es handelt sich um eine sogenannte NoSQL-Datenbank, die ein neuartiges Datenbankkonzept für dokumentenorientierte dynamische Inhalte darstellt. Traditionelle Datenbanken basieren dagegen auf tabellenorientierten relationalen Datenstrukturen. Neben MongoDB gibt es zahlreiche weitere risikokapitalfinanzierte NoSQL-Datenbanken. Generell eignen sie sich für neuartige cloud- und apporientierte Anwendungsfelder. Durch die große Menge an Datenvolumina, multimedialen unstrukturierten Daten und sozialen Netzwerken sind neue Datenbanktechnologien unabdinglich. Bisherige Datenbanktechnologien auf dem SQL-Standard sind dazu zu unflexibel und auch von der Geschwindigkeit zu langsam. MongoDB als größter und bekanntester Anbieter der NoSQL-Datenbanken wächst international sehr stark und viele jüngere Softwareentwickler setzen auf MongoDB als fortschrittliche Datenbanktechnologie der Zukunft. Die MongoDB-Datenbank kann kostenfrei genutzt werden und ist eine Open-Source-Software. Die gleichnamige Firma MongoDB verkauft aber auch kommerzielle Lizenzen von MongoDB speziell für den Einsatz in größeren Unternehmen und Anwendungsfeldern. Sie generiert den hauptsächlichen Umsatz durch kommerzielle Dienstleistungen wie Beratung, Wartung, Betrieb und Installation. MongoDB ist als Datenbanklösung bei großen, auf Geschwindigkeit bedachten Internetangeboten im Einsatz. Zu den bekanntesten Nutzern zählen eBay, Foursquare, Viacom und die *New York Times*. Seit einiger Zeit arbeitet auch die Firma Bosch auf dem Gebiet des »Internet der Dinge« strategisch mit MongoDB zusammen. MongoDB hat das Potenzial für eine zweistellige Milliardenbewertung.

Fazit

Attraktiver und großer adressierbarer Markt, Unternehmen mit technologischen Alleinstellungsmerkmalen, hohe Wachstumsraten, professionelles Management und Investoren, Fragezeichen beim Umsatzwachstum und der weiteren Monetarisierung.

Gesamtfinanzierung:
$311,1 Mio.

Anzahl Finanzierungsrunden:
8

Aktuelle Finanzierungsrunde:
$80 Mio. (Januar 2015)

Aktuelle Gesamtbewertung:
$1,6 Mrd. (Dezember 2014)

Wichtigste Investoren:
Altimeter Capital, Flybridge Capital, Intel Capital, Red Hat Linux, Salesforce, Sequoia Capital, T. Rowe Price, Union Square Ventures

Umsatz: geschätzt
$40 – $80 Mio. in 2014

IPO:
voraussichtlich 2016/2017
(Stand: 30.06.2016)

Nutanix

Gründung	CEO
2009	Dheeraj Pandey
Sitz	Gründer
San Jose, CA, USA	Ajeet Singh, Mohit Aron, Dheeraj Pandey

Mitarbeiter: > 500

Firmenprofil

Nutanix ist die erste Firma, die einen radikal einfachen Ansatz für eine moderne Computing- und Speicherinfrastruktur fährt. Das Gründerteam von Nutanix besteht aus Ingenieuren, welche die hochperformanten und hochskalierbaren Speicherlösungen von Google, Facebook und Amazon entwickelt haben. Die bisher notwendigen und kostspieligen Netzwerkspeicherlösungen werden damit obsolet. Die Nutanix-Virtual-Computing-Plattform besteht aus vorkonfigurierten einfachen Servern, vergleichbar mit herkömmlichen leistungsfähigen PCs, die aus Intel-Prozessoren, Hauptspeicher und traditionellen Festplattenspeichern bestehen. Ein Netzwerkcluster kann aus mehreren Tausend solcher standardisierten Rechner bestehen. Dieser wird über die Nutanix-Plattform verwaltet und zu einem hochperformanten Cluster zusammengeschaltet. Nutanix hat die ersten Produkte in 2011 vorgestellt und glänzt mit dreistelligen Wachstumsraten. Neben einem eigenständigen Vertrieb verkauft das Unternehmen seine Lösungen an Firmenkunden auch durch Partnerschaften mit dem PC-Giganten Dell Computer und Lenovo. Dell ist einer der führenden Anbieter Intel-basierter Server für Großkunden und Rechenzentren. Immer mehr Unternehmen und Internetbetreiber erkennen den Nutzen aus kostengünstiger standardisierter Hardware und leistungsfähiger Software. Durch den Megatrend Cloud Computing wird diese Entwicklung noch zusätzlich befeuert.

Fazit

Attraktiver und großer adressierbarer Markt, Unternehmen mit technologischen Alleinstellungsmerkmalen, hohe Wachstumsraten, professionelles Management und Investoren.

Gesamtfinanzierung:
$387,2 Mio.

Anzahl Finanzierungsrunden:
6

Aktuelle Finanzierungsrunde:
$75 Mio. (Juni 2016)

Aktuelle Gesamtbewertung:
$2 Mrd. (August 2014)

Wichtigste Investoren:
Accelerator Venture, Battery Ventures, Goldman Sachs, Khosla Ventures, Lightspeed Venture Partners, Morgan Stanley, Sapphire Ventures

Umsatz: geschätzt
$241 Mio. in 2015

IPO:
voraussichtlich 2016/2017
(Stand: 30.06.2016)

Palantir

Gründung	CEO
2004	Alexander Karp
Sitz	Gründer
Palo Alto, CA, USA	Alexander Karp, Stephen Cohen, Peter Thiel,
	Nathan Gettings, Joe Lonsdale

Mitarbeiter: > 1300

Firmenprofil

Palantir ist das führende weltweite Big-Data-Unternehmen, um das sich zahlreiche Geheimnisse ranken. Gegründet 2004 unter anderem durch Peter Thiel, dem Mitgründer von PayPal und ersten Finanzier von Facebook, hat sich das Unternehmen in seiner Unternehmensmission auf die Fahnen geschrieben, die wichtigsten Probleme der weltweit bedeutendsten Institutionen zu lösen. Palantirs Name entstammt der Redewendung »sehet die Steine« aus »Herr der Ringe«. Basis für die Gründung von Palantir waren Erfahrungen von Peter Thiel bei PayPal. Dort sah man sich im Online-Zahlungsverkehr einem hohen Missbrauch ausgesetzt und schrieb dafür spezielle softwarebasierende Algorithmen, um Missbrauchsmuster schnell zu erkennen. Palantir wurde von Beginn an von dem Risikokapitalarm des amerikanischen Geheimdienstes In-Q-Tel mitfinanziert. Führende Computerwissenschaftler und Analysten von Geheimdiensten haben über mehr als drei Jahre die technologischen Grundlagen von Palantir geschaffen, die als Piloten bei In-Q-Tel zum Einsatz kamen. Aufgrund der hohen Komplexität von Anwendungsfällen, in denen die Palantir-Software zum Einsatz kommt, ist sie kein Ersatz für menschliches Wissen, sondern liefert Experten, sogenannten Datenspezialisten, aufbereitete Gefahrenmuster, um daraus Entscheidungen abzuleiten. Palantir ist trotz seiner erreichten Größe bekannt für seine Start-up-Kultur, seine extrem hohe Arbeitsmoral und eine rigorose Personalauswahl. Bei Palantir geht es um die ganz großen Themen, wie die Aufdeckung von Cyber-Spionage, organisierter Kriminalität sowie Missbrauch von Leistungen im medizinischen Bereich. Man kann Palantir auch als eine Art digitalen weltweiten Superpolizisten ansehen, der die Welt vor digitaler Kriminalität und Missbrauch besser schützen kann.

Fazit

Attraktiver und großer adressierbarer Markt, Unternehmen mit technologischen Alleinstellungsmerkmalen, hohe Wachstumsraten, professionelles Management und Investoren, Fragezeichen aufgrund enger Verbindung zu Geheimdiensten und Militär.

Gesamtfinanzierung:
$1,99 Mrd.

Anzahl Finanzierungsrunden:
12

Aktuelle Finanzierungsrunde:
$879,8 Mio. (Dezember 2015)

Aktuelle Gesamtbewertung:
$20 Mrd. (Oktober 2015)

Wichtigste Investoren:
Fluke Venture Partners, Founders Fund, Glynn Capital Management, In-Q-Tel, Point72 Asset Management, Tiger Global, Ulu Ventures, Youniversity Ventures

Umsatz: geschätzt
$1,5 Mrd. in 2015

IPO:
Aktuell nicht geplant
(Stand: 30.06.2016)

Pinterest

Gründung	CEO
2009	Ben Silbermann
Sitz	Gründer
San Francisco, CA, USA	Paul Sciarra, Ben Silbermann, Evan Sharp

Mitarbeiter: circa 500

Firmenprofil

Pinterest ist die weltweit größte digitale Pinnwand. Durch das explosionsartige Wachstum digitaler Bilder, hervorgerufen durch die Kamerafunktion in Smartphones, ist der Bedarf für die Speicherung und das Organisieren von Bildern für viele Anwender von großer Bedeutung. Anwender können ihre eigene Pinnwand kostenfrei anlegen und sich zudem aus bestehenden Pinnwänden über die Funktion »Pin it« Bildinhalte für die eigene Pinnwand dazuholen. Der Dienst wächst rasant und hat rund 70 Mio. Anwender weltweit. 80% der Anwender sind Frauen, was Pinterest zu einer interessanten Seite für Unternehmen und Werbetreibende macht, sind doch Frauen häufig Kaufentscheider beim Produktkauf. Unternehmen erkennen immer mehr den Nutzen, neben einer Facebook-Seite auch eine Pinterest-Seite anzulegen, um so auch neue Produkte und Kampagnen online zu testen. Pinterest bietet mit Pinterest Analytics eine Analysefunktion ähnlich Google Analytics, die es Unternehmen in Echtzeit ermöglicht, zu verfolgen welche Produkte und Kampagnen beim Verbraucher ankommen und welche nicht. Da Bilder im Zeitalter sozialer Netzwerke eine immer größere Bedeutung gewinnen, kann man Pinterest auch als eine Mischung von Google, Facebook und Amazon für Bilder ansehen. Bisher erlaubt Pinterest nur einer handselektierten Anzahl an Unternehmen den Zugriff auf Pinterest-Daten. Dazu gehören Unternehmen wie Salesforce, die in der Folge auch erhebliche Teile ihres Online-Werbebudgets auf Pinterest umgeleitet haben. Analystenschätzungen gehen davon aus, dass Pinterest im Jahr 2016 rund $500 Mio. Umsatz generieren kann, sofern das Unternehmen Werbekunden und Konsumenten von seiner Monetarisierungsstrategie überzeugen kann.

Fazit

Attraktiver und großer adressierbarer Markt, hohe Wachstumsraten, professionelles Management und Investoren, Fragezeichen beim Thema Datenschutz und der weiteren Internationalisierung und Monetarisierung.

Gesamtfinanzierung:
$1,32 Mrd.

Anzahl Finanzierungsrunden:
10

Aktuelle Finanzierungsrunde:
186 Mio. (Mai 2015)

Aktuelle Gesamtbewertung:
$11 Mrd. (Februar 2015)

Wichtigste Investoren:
Andreessen Horowitz, Bessemer Venture Partners, FirstMark Capital, Fidelity Growth Partners, Pequot Ventures, Rakuten, SV Angel, Valiant Capital Management

Umsatz:
$169 Mio in 2015

IPO:
aktuell nicht geplant
(Stand: 30.06.2016)

Slack

Gründung	CEO
2013	Stewart Butterfield
Sitz	Gründer
San Francisco, CA, USA	Stewart Butterfield

Mitarbeiter: > 70

Firmenprofil

Slack entstand durch ein sogenanntes Pivot. Im Start-up-Umfeld versteht man darunter eine strukturierte Kurskorrektur, wenn das bisherige Geschäftsmodell keinen weiteren Erfolg verspricht. Das erste Produkt von Slack war ein Multiplayer-Echtzeit-Spiel unter dem Namen Glitch. Anschließend besann sich das Team, was man alternativ machen könnte und erkannte, dass es für die Projektkommunikation bei Glitch eine eigens programmierte Mitteilungsapp einsetzte, welche die Grundlage für Slack war. Slack wurde zu einem Teamkommunikationstool weiterentwickelt, mittels dem man Mitteilungen mit Einzelnen oder in der Gruppe sowie Chatrooms einrichten und verwalten kann. Eine integrierte Suchmaschine erlaubt zudem die Suche innerhalb von Slack. Darüber hinaus sind weitere externe Dienste, die für die heutige Internetsoftwareentwicklung wichtig sind, angebunden. Dazu gehören Google Docs, Dropbox, Heroku, GitHub und Zendesk. Innerhalb kürzester Zeit konnte Slack mit seiner Lösung, die als Webdienst auf dem Mac sowie den mobilen Betriebssystemen iOS und Android läuft, eine hohe Verbreitung bei Unternehmen und Softwareteams erreichen. Hinter Slack steht Stewart Butterfield, ein sehr erfolgreicher Gründer. Er war Mitgründer von Flickr, einer Social-Media-Seite, die in 2013 von Yahoo für $1,1 Mrd. gekauft wurde.

Slack gilt als das schnellstwachsende Software-as-a-Service-Start-up der Geschichte und noch nie wurde ein Start-up innerhalb eines Jahres nach Gründung bereits mit einer Milliarde Dollar bewertet.

Fazit

Attraktiver und großer adressierbarer Markt, hohe Wachstumsraten, professionelles Management und Investoren, Fragezeichen beim Thema der Internationalisierung und weiterer Monetarisierung sowie der Konkurrenzsituation zu etablierten Unternehmen.

Gesamtfinanzierung:
$539,9 Mio.

Anzahl Finanzierungsrunden:
9

Aktuelle Finanzierungsrunde:
$200 Mio. (April 2016)

Aktuelle Gesamtbewertung:
$3,8 Mrd. (Februar 2016)

Wichtigste Investoren:
Accel Partners, Andreessen Horowitz, Google Ventures, Kleiner Perkins

Umsatz: geschätzt
$30 Mio. in 2015

IPO:
Aktuell nicht geplant
(Stand: 30.06.2016)

Snapchat

Gründung	CEO
2011	Evan Spiegel
Sitz	Gründer
Pacific Palisades, CA, USA	Evan Spiegel, Bobby Murphy

Mitarbeiter: > 150

Firmenprofil

Snapchat ist eine bekannte Foto-Mitteilungsapp, die das Gegenstück zu WhatsApp (=Text) darstellt. Mit Snapchat können Fotos aufgenommen, Videos aufgezeichnet und um Texte, Kommentare und Zeichnungen ergänzt und an Freunde versendet werden. Der Clou bei Snapchat ist, dass die Inhalte nach einmaligem Ansehen beim Empfänger automatisch gelöscht werden. Snapchat entstand als Studentenprojekt an der Stanford Universität und wurde von den beiden Studenten Evan Spiegel und Bobby Murphy gegründet.

Snapchat wächst rasant. Bis Mitte 2014 wurden pro Tag 700 Millionen Fotos und Videos versendet und über eine Milliarde Mal angesehen, mit stark steigender Tendenz. Sofort kam Snapchat auf das Radar von Facebook. Mark Zuckerberg bot 2013 bereits $3 Mrd. in Form von Facebook-Aktien, was die Gründer um Evan Spiegel aber ablehnten. Die aktuelle Finanzierungsrunde im März 2016 brachte bei einer Unternehmensbewertung von $22 Mrd. insgesamt $175 Mio. frisches Geld in die Kassen. Snapchat baut konsequent sein Beraternetzwerk aus, wie die Zusammenarbeit mit Michael Lynton von Sonys Amerika-Einheit zeigt.

Das Unternehmen hat noch nicht mit der Monetarisierung begonnen. Foto- und Videomitteilungen lassen sich aber sehr gut vermarkten. Snapchat könnte sich zu einem neuartigen multimedialen Mitteilungsnetzwerk entwickeln, was Facebook und WhatsApp noch Kopfzerbrechen bereiten dürfte.

Fazit

Attraktiver und großer adressierbarer Markt, hohe Wachstumsraten, professionelles Management und Investoren, Fragezeichen beim Thema Datenschutz sowie der weiteren Monetarisierung und Internationalisierung.

Gesamtfinanzierung:
$2,65 Mrd.

Anzahl Finanzierungsrunden:
8

Aktuelle Finanzierungsrunde:
$1,8 Mrd. (Mai 2016)

Aktuelle Gesamtbewertung:
$16 Mrd. (Mai 2016)

Wichtigste Investoren:
Benchmark, Coatue Management, General Catalyst Partners, Institutional Venture Partners, Lightspeed Venture Partners, SV Angel, Tencent

Umsatz geschätzt:
$300 Mio. in 2016

IPO:
voraussichtlich 2016/2017
(Stand: 30.06.2016)

SoFi (Social Finance)

Gründung	CEO
2011	Mike Cagney
Sitz	Gründer
San Francisco	Michael Cagney, Ian Brady, Daniel Macklin,
	James Finnigan

Mitarbeiter: > 500

Firmenprofil

Social Finance (SoFi) gehört mit einer aktuellen Bewertung von $4 Mrd. zu den teuersten FinTech-Start-ups überhaupt. Das Unternehmen wurde von dem ehemaligen Wells Fargo Mitarbeiter Michael Cagney mit dem Ziel gegründet, Studentenkredite kostengünstiger umzuschulden. Ein attraktiver Blockbuster Markt der seit der Finanzkrise 2008 um 70% auf $1,2 Billionen gewachsen ist und bei dem die Banken zunehmend weniger Interesse zeigen. SoFi setzt dabei voll auf seine Internet-Plattform und Apps die auf soziale Profildaten der Kunden aufsetzen und darüber ein Kredit Rating für einen Kreditentscheid geben. Im Mittelpunkt des SoFi Ratings steht die Reputation der Universität des Kreditschuldners. Cagney startete ursprünglich mit den SoFi-Studentenkrediten von der Eliteuniversität Stanford aus. SoFi selbst ist keine Bank und unterliegt damit nicht den strengen Regulierungen hinsichtlich der Kapitalausstattung, denen sich Banken nach der Finanzkrise ausgesetzt sehen. Während Banken bestrebt sind, ihr Kreditportfolio aufgrund regulatorischer Vorschriften zu reduzieren nutzt SoFi die Tatsache, dass es lediglich von der Verbraucherschutzbehörde für Finanzprodukte, nicht aber von der Einlagensicherungsbehörde beaufsichtigt wird. Das durchschnittliche Kreditvolumen bei SoFi beläuft sich auf max. $100.000 von meist sehr gut verdienenden Absolventen der US-Eliteuniversitäten. Insgesamt hat SoFi bis dato mehr als $5 Mrd. Studentenkredite refinanziert und ist nach Unternehmensangaben Cashflow positiv. Langfristiges Ziel von SoFi ist der attraktiven Kundengruppe neben der Refinanzierung auch weitere Finanzprodukte wie Immobiliendarlehen anzubieten und so einen größeren Umsatzbeitrag pro Kunde zu generieren.

Fazit

Attraktiver und großer adressierbarer Markt, hohe Wachstumsraten, professionelles Management und Investoren, Fragezeichen aufgrund hoher Konkurrenzsituation und der weiteren Monetarisierung wegen zunehmender Bestrebungen die Regulierung für FinTech-Unternehmen zu verstärken.

Gesamtfinanzierung:
$1,38 Mrd.

Anzahl Finanzierungsrunden:
6

Aktuelle Finanzierungsrunde:
$ 1 Mrd.

Aktuelle Gesamtbewertung:
$4 Mrd. (August 2015)

Wichtigste Investoren:
Institutional Venture Partners, Willington Management, Third Point Ventures, Thomvest Ventures, Wicklow Capital, Discovery Capital Management, RPM Ventures, DCM Ventures, Renren, Innovation Endeavors, Baseline Ventures, SoftBank Group

Umsatz geschätzt:
keine Angaben

IPO:
Aktuell nicht geplant
(Stand: 30.06.2016)

SpaceX

Gründung	CEO
2002	Elon Musk
Sitz	Gründer
Hawthorne, CA, USA	Elon Musk

Mitarbeiter: 4000

Firmenprofil

SpaceX wurde 2002 von Elon Musk, dem früheren Paypal-Mitgründer, gestartet. Musk investierte $100 Mio. aus seinem privaten Vermögen als Anschubfinanzierung. Musks Ziel mit dem Einstieg in die Raumfahrt war es, einen komplett neuen Entwicklungsansatz in die eher verstaubten, ineffizienten und damit kostspieligen Raumfahrtprogramme der NASA und ESA zu bringen. Ähnlich wie bei Tesla brachte er seine Entwicklungserfahrungen von PayPal in die Raumfahrt ein. Statt langwieriger ingenieursgetriebener Versuchs- und Entwicklungsschritte setzt er auf iterative Entwicklungsstufen mit vielen Tests. Musks langfristiges Ziel ist es, den Mars zu erobern. Wie bei Tesla wurde er am Anfang von den Raumfahrtexperten müde belächelt. Er holte sich aber fähige Ingenieure an Bord und nach diversen Rückschlägen mit fehlgeschlagenen Raketentests konnte er mit seiner vertrieblichen Überzeugungskraft NASA-Vertreter für eine Zusammenarbeit beim Transport von Satelliten und Nachschubmaterial für die Internationale Raumstation überzeugen. Die NASA selbst steht unter großem Druck, da die Shuttle Raumtransporter ausgemustert wurden und man aktuell auf die Hilfe des Erzrivalen Russland angewiesen ist. Musk überzeugte die NASA-Leute zudem durch die Aussicht, die Kosten für Entwicklung und Transport ins Weltall drastisch zu senken. Gerne zieht er Vergleiche aus der IT heran, demnach sieht er Kostenreduktionen um Faktor 100 oder gar 1000. Bereits eine Halbierung der Kosten würde einem Erdbeben gleichkommen. SpaceX entwickelt die sogenannte Falcon-9-Rakete. Auch die NASA gehört mittlerweile zu den Auftraggebern von SpaceX und der Falcon-9-Rakete. Der Clou dabei ist, dass erstmalig die Trägerrakete gezielt auf die Erde zurückkehrt und wiederverwendet wird, sodass sich die Raketenstarts nochmals dramatisch vergünstigen.

Fazit

Attraktiver und großer adressierbarer Markt, Unternehmen mit technologischen Alleinstellungsmerkmalen, hohe Wachstumsraten, professionelles Management und Investoren, Fragezeichen beim Thema Zuverlässigkeit und der Abhängigkeit von staatlichen Auftraggebern wie der NASA.

Gesamtfinanzierung:
$1,25 Mrd.

Anzahl Finanzierungsrunden:
7

Aktuelle Finanzierungsrunde:
$1 Mrd. (Januar 2015)

Aktuelle Gesamtbewertung:
$12 Mrd. (Januar 2015)

Wichtigste Investoren:
Draper Fisher Jurvetson, Founders Fund, Valor Equity Partners

Umsatz: geschätzt
$1,6 Mrd. Vertrag mit NASA, laut Elon Musk ist SpaceX Cashflow positiv

IPO:
Aktuell nicht geplant

(Stand: 30.06.2016)

Stripe

Gründung	CEO
2010	Patrick Collison
Sitz	Gründer
San Francisco, CA, USA	Patrick Collison, John Collison

Mitarbeiter: > 140

Firmenprofil

Stripe ist angetreten, Online-Bezahlvorgänge im E-Commerce dramatisch zu vereinfachen. Herzstück von Stripe ist eine Programmierschnittstelle (API), die Entwickler und Webseitenbetreiber einfach in ihre E-Commerce-Anwendung einbetten können. Damit spart man sich die umständliche und aufwendige Einrichtung eines Händlerzugangs bei einem Bezahlsystem oder Kreditkartenbetreiber. Stripe wurde von den Brüdern John und Patrick Collison gegründet und durchlief erfolgreich das Y Combinator-Programm. Y Combinator-Gründer Paul Graham bezeichnete in einem Artikel die Durchführung von Bezahlvorgängen als eine der wichtigsten Komponenten für die weltweite Infrastruktur.

Stripe nimmt eine Gebühr von 2,9% plus $0,30 für jeden durchgeführten Bezahlvorgang. Die Rate ist höher als bei Kreditkartenanbietern, dafür gibt es aber auch keine Einrichtungskosten oder monatliche Mindestgebühren. Stripe expandiert nach Australien, Belgien, Finnland, Frankreich, Deutschland, Luxemburg, Niederlande und Spanien und wächst dort schneller als in den USA.

Laut unbestätigten Unternehmensangaben werden über Stripe pro Jahr Transaktionen in Milliardenhöhe durchgeführt. Zu Stripe-Kunden zählen viele Start-ups bis hin zu »Fortune-500-Unternehmen«. Als prominente E-Commerce-Unternehmen werden der Fahrdienst Lyft und der Lebensmittellieferdienst Instacard aufgeführt.

Fazit

Attraktiver und großer adressierbarer Markt, Unternehmen mit technologischen Alleinstellungsmerkmalen, hohe Wachstumsraten, professionelles Management und Investoren, Fragezeichen aufgrund der hohen Konkurrenzsituation mit PayPal, Apple Pay, Square und traditionellen Kreditkartenunternehmen.

Gesamtfinanzierung:
$290 Mio.

Anzahl Finanzierungsrunden:
7

Aktuelle Finanzierungsrunde:
$100 Mio. (Juli 2015)

Aktuelle Gesamtbewertung:
$5 Mrd. (Juli 2015)

Wichtigste Investoren:
Andreessen Horowitz, Founders Fund, General Catalyst Partners, Khosla Ventures, Sequoia Capital, SV Angel, Thrive Capital, Y Combinator, Aaron Levie, Peter Thiel, Elon Musk

Umsatz geschätzt:
$450 Mio. in 2015

IPO:
aktuell nicht geplant
(Stand: 30.06.2016)

Uber

Gründung	CEO
2009	Travis Kalanick
Sitz	Gründer
San Francisco, CA, USA	Travis Kalanick, Garrett Camp

Mitarbeiter: > 3600

Firmenprofil

Uber ist das aktuell teuerste amerikanische Start-up mit einer Bewertung von über $62,5 Mrd. Kaum ein anderes Start-up polarisiert und provoziert weltweit wie Uber. Es bricht die Regeln bei der Personenbeförderung und schert sich nicht um bisherige Monopole wie dem Taxigewerbe. Dementsprechend hoch kochen international die Emotionen bei Regierungen, Stadtverwaltungen und dem Transportgewerbe, wo man versucht, der Expansion von Uber Einhalt zu gebieten. Uber lässt sich davon nicht beirren und wächst in schwindelerregendem Tempo. Der Fahrdienst ist in über 459 Städten und Monopolregionen in über 75 Ländern auf allen Kontinenten vertreten. Travis Kalanick, der Gründer von Uber, ist auf einer Mission. Er hat sich nichts weniger auf die Fahnen geschrieben als den Aufbau eines Imperiums. Vergleiche zu Amazon (gestartet mit dem Online-Vertrieb von Büchern) sind berechtigt. Denkt man das Konzept von Uber weiter, wird Uber nicht bei Taxis stehen bleiben, sondern seine auf mathematischen Algorithmen basierende Liefertechnologie vom Limousinenservice auf praktisch die gesamte Waren- und Dienstleistungswelt ausbauen. Das Zauberwort, mit dem Uber glänzt, nennt sich »Precognition« – das heißt das zukünftige Erkennen und Liefern der Kundenwünsche, noch bevor diese über die Uber-App abgesetzt werden.

Ubers Geschäftsmodell ist so einfach wie genial: Für jede Fahrt erhält Uber eine Vermittlungsgebühr von 20%. Um die Fahrer noch enger an Uber zu binden, hat Uber eigens einen Leasingkredit über $2,5 Mrd. für seine Fahrer zur Anschaffung neuer Limousinen initiiert. Im Gegensatz zu den Internetgrößen Google und Facebook erzielt Uber seine Einnahmen nicht aus Konjunkturschwankungen unterworfener Werbung, sondern aus Transaktionsgebühren realer Güterbewegungen.

Fazit

Attraktiver und großer adressierbarer Markt, Unternehmen mit technologischen Alleinstellungsmerkmalen, hohe Wachstumsraten, professionelles Management und Investoren, Fragezeichen beim Thema rechtliche und regulatorische Situation und der weltweiten Akzeptanz.

Gesamtfinanzierung:
$12,5 Mrd.

Anzahl Finanzierungsrunden:
15

Aktuelle Finanzierungsrunde:
$1,15 Mrd. (Juli 2016)

Aktuelle Gesamtbewertung:
$68 Mrd. (Juni 2016)

Wichtigste Investoren:
Baidu, Benchmark, Bezos Expeditions, BlackRock, Fidelity Investments, First Round Capital, Goldman Sachs, Google Ventures, Kleiner Perkins, TPG Growth, Wellington Management

Umsatz: geschätzt
1,5 Mrd. in 2015

IPO:
aktuell nicht geplant
(Stand: 30.06.2016)

Udacity

Gründung	CEO
2011	Vishal Makhijani
Sitz	Gründer
Mountain View	David Stavens, Sebastian Thrun, Mike Sokolsky

Mitarbeiter: > 100

Firmenprofil

Udacity ist eine weltweit führende private Online-Akademie im Stile einer Universität. Die Wochenzeitung »Die Zeit« bezeichnete Udacity auch als »Google Universität«. Co-Gründer ist der deutsche Robotik- und Künstliche-Intelligenz-Experte Sebastian Thrun, der sich als Stanford Professor und Chef des Google Zukunftslabors Google X einen Namen im Valley gemacht hat. Die Grundlage für Udacity wurde durch Thruns Informatik-Vorlesungen für Künstliche Intelligenz gelegt, die als Kurs kostenfrei ins Internet gestellt wurde. Mehr als 90.000 Studenten hatten sich dazu eingeschrieben und das Verblüffende dabei war, dass unter den online eingeschriebenen Studenten Teilnehmer waren, die bessere Prüfungsergebnisse ablieferten als die handverlesen ausgewählten Stanford Studenten selbst. Thruns Vision ist mit Udacity hochwertige Weiterbildung über den einfachen Zugang des Internets auch in entlegenste Orte fernab von Eliteuniversitäten zu bringen und so das Bruttosozialprodukt der Welt zu verdoppeln. Kernstück des Bildungsangebots sind sogenannte »Nanodegrees«, also spezielle Angebote wie »Entwicklung von Android Apps« oder »Front End Web Developer«, die mit Unternehmen wie Google und AT&T entwickelt werden. Teilnehmer bezahlen dafür rund $200 pro Monat. Aktuell sind rund 11.000 zahlende Studenten eingeschrieben und das Wachstum beträgt 30% pro Monat. Die »Nanodegrees« treffen den Nerv der boomenden Stellenmärkte für Internet Fachkräfte. Zumal alteingesessene Universitäten mit ihrem veralteten Bildungskanon dabei nicht mit Udacity mithalten können. Der weltweite Online-Bildungsmarkt ist mit $107 Mrd. riesig. Thrun expandiert nun nach China, Indien und in den Mittleren Osten. Auch in Berlin wurde in der Zwischenzeit eine Deutschland-Niederlassung eröffnet.

Fazit

Attraktiver und großer adressierbarer Markt, hohe Wachstumsraten, professionelles Management und Investoren, Fragezeichen aufgrund der starken Konkurrenz kostenloser Online Kursangebote von Universitäten sowie bei der Monetarisierung, da das Geschäftsmodell noch ausgefeilt werden muss.

Gesamtfinanzierung:
$160 Mio.

Anzahl Finanzierungsrunden:
4

Aktuelle Finanzierungsrunde:
$105 Mio

Aktuelle Gesamtbewertung:
$1 Mrd.

Wichtigste Investoren:
Andreessen Horowitz, Bertelsmann SE, Cox Enterprises, Charles River Ventures, Drive Capital, Google Ventures , Recruit Strategic Partners, Valor Capital Group

Umsatz: geschätzt
$24 Mio.

IPO:
Aktuell nicht geplant
(Stand: 30.06.2016)

Vice

Gründung	CEO
2006	Shane Smith
Sitz	Gründer
Brooklyn, NY, USA	Suroosh Alvi, Shane Smith

Mitarbeiter: > 1400

Firmenprofil

Vice ist unter Medienexperten eines der interessantesten Medienunternehmen schlechthin. Ursprünglich als Printmagazin mit den Bereichen Kunst, Kultur und Nachrichten gestartet, wurde das Spektrum unter dem Label Vice Media um die Bereiche Musiklabel, Webseite und Filmproduktionsfirma ausgebaut. Vice ist mittlerweile ein bedeutendes Online-Mediennetzwerk, das 24 Stunden am Tag eigenproduzierte Inhalte als Stream sendet. Vice wendet sich dabei vor allem an eine männliche Zielgruppe, was sich in der Berichterstattung widerspiegelt: Lokale und internationale Nachrichten sowie die Berichterstattung über Pop, Underground-Kultur, Musik, Skate- und Ski-Surfing sowie Technologie dominieren das Programm. Die etwas eigenartige Programmzusammenstellung und die Art und Weise der Präsentation kommt bei der jungen und vorwiegend männlichen Zielgruppe hervorragend an.

Rupert Murdoch mit seinem Medienimperium beteiligte sich folgerichtig 2013 über seine 21st Century Fox mit $70 Mio. 2014 stiegen Hearst Corporation und Walt Disney mit 10% bei Vice Media ein und zahlten dafür $250 Mio.

Vice Media produziert aber keine trashigen Berichte, sondern überzeugt durch teuer produzierte Feature-Filmbeiträge, z.B. über die Bürgerkriege in der Ukraine und Syrien. Vice hebt sich damit deutlich von dem allgemeinen Inhaltsangebot der amerikanischen Kabelsender ab. Vice gelingt es sehr gut, die steigende Reichweite zu monetarisieren. Das Unternehmen wächst mit Jahresraten von 100% und soll in 2015 rund eine Milliarde Dollar erlöst haben. Vice CEO und Mitgründer Shane Smith sieht denn auch eine Bewertung von Vice bei $30 Mrd. sofern das Unternehmen an der Börse notiert wäre.

Fazit

Attraktiver und großer adressierbarer Markt, hohe Wachstumsraten, professionelles Management und Investoren.

Gesamtfinanzierung:
$970 Mio.

Anzahl Finanzierungsrunden:
4

Aktuelle Finanzierungsrunde:
$400 Mio. (Dezember 2015)

Aktuelle Gesamtbewertung:
$4,2 Mrd. (Dezember 2015)

Wichtigste Investoren:
Technology Crossover Ventures, A&E Television Networks, 21st Century Fox, Walt Disney

Umsatz: geschätzt
$1 Mrd. in 2015

IPO:
aktuell nicht geplant
(Stand: 30.06.2016)

Wealthfront

Gründung	CEO
2011	Adam Nash
Sitz	Gründer
Palo Alto	Dan Carroll, Andy Rachleff

Mitarbeiter: 62

Firmenprofil

Wealthfront ist der größte und am schnellsten wachsende automatisierte digitale Anlageberater (Robo-Berater). Es kombiniert Finanzanlagewissen mit neuster digitaler Technologie und kann damit jedem Kunden basierend auf seinem persönlichen Risikoprofil ein maßgeschneidertes Anlageportfolio kreieren. Durch den Verzicht klassischer Anlageberater und Filialen kann Wealthfront auf Basis seiner digitalen Anlageplattform Kunden niedrige Gebühren für das Verwalten von Kapitalanlagen anbieten. Durch die Digitalisierung wird damit eine individuelle Vermögensverwaltung auch für Kundengruppen erreichbar, die bisher aufgrund ihrer Anlagevolumina dazu nicht in Frage kamen. Wealthfront disruptiert damit Unternehmen der klassischen Vermögensverwaltungen wie Fidelity und Charles Schwab, die ihren Kunden aufgrund der hohen Fixkosten deutlich höhere Gebühren verlangen. Ursprünglich wurde das Unternehmen in 2008 unter dem Namen kaChing als Fondsanalyse Anbieter gegründet und schließlich im Jahr 2012 in einen Robo-Adviser umgewandelt. Anschließend stieg das verwaltete Vermögen rasant. In der Zwischenzeit überschritt das Unternehmen die Milliardengrenze und verwaltet mehr als $2,5 Mrd. Wealthfront trifft dabei den Nerv jüngerer Kunden die auch ihre Anlagegeschäfte digital tätigen wollen. Mehr als 60% der Kunden sind jünger als 35 Jahre. Wealthfront konzentriert sich darauf seinen Kunden einen vollständig digitalen Investmentdienst anzubieten. Wealthfront ist auch von der Personalstruktur kein klassischer Finanzdienstleister mehr. Im Unternehmen dominieren Softwarespezialisten und nicht klassische Anlageberater und Vertriebsagenten. Wealthfront setzt stark auf kostengünstige Index-Fonds, die meist besser als klassische Fonds abschneiden und das zu deutlich geringeren Kosten.

Fazit

Attraktiver und großer adressierbarer Markt, Unternehmen mit technologischen Alleinstellungsmerkmalen, hohe Wachstumsraten, professionelles Management und Investoren, Fragezeichen aufgrund hoher Konkurrenzsituation neuer und etablierter Anbieter und des damit verbundenen steigenden Margendrucks.

Gesamtfinanzierung:
$129,5 Mio.

Anzahl Finanzierungsrunden:
5

Aktuelle Finanzierungsrunde:
$64 Mio.

Aktuelle Gesamtbewertung:
$2,7 Mrd.

Wichtigste Investoren:
Benchmark Capital, DAG Ventures, Index Ventures, The Social+Capital Partnership, Marc Andreessen, Ben Horowitz, Jeff Jordany

Umsatz: geschätzt
$2.6 Mrd. (Oktober 2015) verwaltete Anlagegelder

IPO:
Aktuell nicht geplant
(Stand: 30.06.2016)

4. Investment-Dienste im Silicon Valley

4.1 Sharespost

Viele Anleger fragen sich heute, warum kann man nicht schon früher in erfolgreiche Internet- und High-Tech-Unternehmen investieren, bevor diese an die Börse gehen? Diese Frage ist berechtigt, zumal Untersuchungen zeigen, dass der Weg zum IPO auch in den USA immer länger wird. Mitverantwortlich sind zunehmende regulatorische Hürden, verbunden mit hohen Kosten. Ein hoher Abschreckungsgrund für schnell wachsende Unternehmen, die sich auf ihr Kerngeschäft konzentrieren wollen. So stieg diese Zeitperiode zwischen dem Jahr 2000 von circa drei Jahren auf mittlerweile rund zehn Jahre. Facebook beispielsweise war bereits acht Jahre alt, als der IPO erfolgte. Netscape, das erste waschechte Internet-Unternehmen, ging 1995, bereits ein Jahr nach Gründung, an die Börse.

Anleger, die frühzeitig in Unternehmen investieren wollen und bei höherem Risiko enorme Chancen sehen, sind vor neue Herausforderungen gestellt. Wie kommt man also trotzdem früher an Aktien von Unternehmen, auch wenn diese noch nicht börsennotiert sind?

Die Firma Sharespost ist in diese Marktlücke gestoßen und mittlerweile die führende Plattform für den Handel von Anteilen an Internet- und Tech-Unternehmen im Silicon Valley. Auf der Plattform sind über 100 000 Mitglieder registriert und seit Gründung im Jahr 2009 wurde ein Transaktionsvolumen von über $2 Mrd. an Unternehmensanteilen abgewickelt. Die Nachfrage über Sharespost wurde in den Anfangsjahren stark vom Handel in Facebook-Aktien getrieben. Sharespost-Kunden konnten sich vorbörslich an Unternehmen wie Facebook, LinkedIn, Twitter, SolarCity und Silver Springs Network beteiligen. Wer frühzeitig in den Jahren 2009 und 2010 in Facebook und LinkedIn investiert hatte, konnte seinen Einsatz vervielfachen.[53]

Sharespost bringt die Nachfrage der Investoren nach vorbörslichen Wachstumsaktien mit Unternehmen und deren Mitarbeitern zusammen, die die Möglichkeit suchen Aktien außerbörslich privat zu verkaufen. Viele Mitarbeiter im Silicon Valley halten Mitarbeiteraktien. Aufgrund der enorm hohen Lebenshaltungskosten konkurrieren sie dabei mit den Mitarbeitern, deren Unternehmen bereits an der Börse sind und die über ihr Aktienkapital frei verfügen können. Allein mit dem Börsengang von Twitter gibt es rund 1000 neue Millionäre in San Francisco. Sharespost selbst unterliegt der amerikanischen Finanzaufsicht (SEC und FINRA) und ist als alternatives Handelssystem und Broker registriert. Zusammen mit der amerikanischen Computerbörse NASDAQ wurde das Joint-Venture NASDAQ Private Market (NPM) gegründet. Sowohl die NASDAQ als auch Sharespost sehen diesen Marktplatz als nächsten wichtigen Schritt der Handelbarkeit von Unternehmen, die auf dem Sprung an den Kapitalmarkt sind.[54]

Voraussetzung akkreditierter Investor

Voraussetzung, um bei Sharespost als akkreditierter Investor gelistet zu werden, ist ein jährliches Einkommen von mindestens $300 000 oder einem Nettovermögen von über $1 Mio. Diese Werte sind bewusst gewählt, auch von regulatorischer Seite. Nur wer über ausreichend Kapital verfügt, soll überhaupt die Möglichkeit haben in risikoreiche Investments wie vorbörsliche Aktien zu investieren.[55]

Investmentvolumen

In der Regel werden einem Einzelinvestor Aktienpakete ab einer Mindestgröße von $50 000 bis $100 000 angeboten. Man sollte auf jeden Fall über eine ausreichende Liquidität verfügen, um kurzfristig handeln zu können sowie über ein entsprechendes Vermögen verfügen, um eine sinnvolle Anlagediversifikation zu erzielen.

Vorgehen zur Akkreditierung

Erster Schritt ist die Registrierung auf Sharespost.com mit Benutzerkennung und Passwort. In einem weiteren Schritt erfolgt die Akkreditierung mit Angabe der persönlichen Adresse und der eigenen finanziellen Mittel wie Jahreseinkommen und Nettovermögen sowie der Investitionsvorlieben und der Höhe der geplanten Investments.

Ablauf eines Investments

Auf Basis seines hinterlegten Investmentprofils und konkreter Anlagewünsche (z.B. »ich möchte Aktien vom privaten Unternehmen Evernote in Höhe von $100 000 kaufen«) erhält man Vorschläge von einem Broker von Sharespost. Hier gilt das Prinzip »First come, first serve«, das heißt man muss als Investor auch sofort handlungsfähig sein und kann sich die Investition nicht eine oder zwei Wochen überlegen. Aus diesem Grunde ist es ratsam, einen eigenen Schlachtplan zu entwickeln und im Vorfeld umfangreiche Recherchen und Analysen zu den potenziellen Investments anzustellen. Auch hierzu bietet die Sharespost-Plattform mit Research-Analysen, Hintergrundinformationen zu Bewertungen der Unternehmen in den einzelnen Finanzierungsrunden sowie aktuellen Berichten aus der Finanzpresse zu den Unternehmen eine sehr gute Wissensbasis.

Ist man sich mit dem Verkäufer über den Preis pro Aktie einig, erfolgt die Transaktion in folgenden standardisierten Schritten und Dokumenten. Ein Mitarbeiter von Sharespost aus dem Bereich der Administration unterstützt den Einzelinvestor bei diesem Prozess. Nicht zu unterschätzen ist, dass eine komplette Transaktion sechs bis acht Wochen Zeit in Anspruch nimmt, sehr gute Englischkenntnisse vonnöten und ggf. auch anwaltliche Unterstützung bei Kapitalmarktfragen erforderlich sind.

Transaktionsschritte Aktienkauf über Sharespost

1. Verkäufer und Käufer unterzeichnen »SharesPost Commission Agreement« zur Beauftragung von Sharespost (elektronisch).

2. Verkäufer und Käufer unterzeichnen »Purchase Agreement« – Kaufvertrag (elektronisch).

3. Verkäufer und Käufer unterzeichnen »US Bank Escrow Agreement«-Treuhand-Vertrag stellt sicher, dass Aktien gegen Geld auch geliefert werden.

4. Käufer überweist den Kaufbetrag auf »Escrow Account«-Treuhandkonto.

5. Unternehmen bestätigt Empfang des unterzeichneten »Purchase Agreement« und hat das Recht auf Ablehnung (Right of First Refusal) der Transaktion. Die Prüfperiode beläuft sich in der Regel auf 30 bis 45 Tage. Dies ist mittlerweile Standard, so können Unternehmen in Ruhe prüfen, ob sie dem neuen Aktionär sowie der Transaktion zustimmen. Andernfalls kauft das Unternehmen die Aktien vom Mitarbeiter direkt ab. Die Sharespost-Gebühren sowie der eingezahlte Kaufbetrag werden in diesem Fall dem potenziellen Käufer zurückerstattet.

6. Macht das Unternehmen von seinem Vorkaufsrecht keinen Gebrauch, so werden im nächsten Schritt vom Verkäufer die original Aktienzertifikate geliefert.

7. Verkäufer und Käufer unterzeichnen das »Stock Transfer Agreement«, also den Übertrag der Aktien.

8. Unternehmen wird darüber in Kenntnis gesetzt und Sharespost weist die US-Bank an, den Kaufbetrag vom Treuhandkonto dem Verkäufer auszubezahlen.

9. Sharespost fragt beim Unternehmen an, den Abschluss der Transaktion zu bestätigen, häufig verbunden ist damit auch die Aufnahme in das Aktienbuch des Unternehmens und es ergeht eine Mitteilung darüber an den Käufer, sprich neuen Aktionär.

Kosten

In der Regel fallen bei einer Sharespost-Transaktion Gebühren von circa $5000 Dollar an, unabhängig vom Investmentbetrag. Unter Umständen fallen für den Käufer noch Kosten für die Einholung einer sogenannten »Legal Opinion« an. Darunter versteht man eine rechtliche Stellungnahme eines Rechtsanwalts, der bestätigt, dass der Kauf der Aktien keine Verletzung deutscher Kapitalmarktgesetze nach sich zieht. Nicht börsennotierte amerikanische Unternehmen unterliegen der strengen Prospekthaftung und dürfen nicht mehr als 2000 Aktionäre haben. Ansonsten werden sie wie börsennotierte Unternehmen behandelt und müssen regelmäßige Finanzberichte erstellen und publizieren, was man häufig vermeiden will. So hat Twitter erst mit dem Börsengang einen Einblick in seine Finanzen gewährt. Davor war dies alles Spekulation.

Nicht börsennotierte Investments im Vergleich zu Kapitalmarktprodukten

Eine Untersuchung der bekannten Fondsgesellschaft Vanguard zusammen mit Sharespost zeigt, dass nichtbörsennotierte Investments aus einer Risiko-/Ertragsperspektive weit überdurchschnittliche Renditen erzielen und dabei besteht keine direkte Korrelation zu den Entwicklungen am Kapitalmarkt.

Fazit

Sharespost-Anlagen in einzelne Unternehmen eignen sich für folgende Kundengruppen:

➤ Vermögende Privatkunden mit Vermögen > $1 Mio.

➤ Family Offices zur Risikodiversifizierung in kapitalmarktnahes Private Equity

➤ Mittelständische und größere Unternehmen zur Investition in bestehende oder mögliche Kooperationspartner

4.2 Sharespost 100

Für Diejenigen, die nicht den finanziellen Atem für Einzelinvestments im
sechsstelligen Bereich, aber gleichzeitig hohes Interesse an Engagements
in kapitalmarktnahe Unternehmen haben, hat Sharespost mit dem neuen
Produkt Sharespost 100 ein passendes Produkt geschaffen. Ab einem An-
lagebetrag von $2.500 können Investoren ohne weitere Vorqualifikation
in den Fonds Sharespost 100 investieren.

Investmentansatz

Sharespost hat eine Liste von insgesamt 100 potenziellen Zielunterneh-
men zusammengestellt (http://sharespost.com/sharespost-100/list), in
die der Fonds investieren möchte. Darunter finden sich illustre Namen
wie die Cloud-Unternehmen DocuSign, Dropbox und Evernote sowie das
Foto-Social-Network Pinterest oder das Big-Data-Unternehmen Palantir.
Sharespost selektiert Unternehmen, die in zwei bis drei Jahren börsen-
fähig sind bzw. an die Börse gehen. Vorteil für den Anleger: es ergeben
sich noch attraktive Wertsteigerungen bei gleichzeitig reduziertem Risiko gegenüber reinen Start-up-Investitionen. Weitere Auswahlkriterien
sind das Umsatzwachstum, das Marktpotenzial, die Produkte und das
Managementteam.

Zusätzlicher Vorteil des Sharespost-100-Fonds ist die Diversifikation über
verschiedene Sektoren, ein Klumpenrisiko wie bei Investitionen in Ein-
zelwerte wird damit deutlich reduziert. Geplant ist ein Fondsvolumen im
Umfang von $500 Mio. innerhalb von zwei Jahren aufzubauen.

Der Fonds hat in den ersten 24 Monaten bereits eine Wertsteigerung von
25,9% erzielt.

Gebühren

Die aktuelle Managementgebühr beträgt 1,9% p.a. und ist insgesamt gedeckelt auf 2,5% p.a. Erträge aus Veräußerungen werden automatisch reinvestiert. Zu einem Ertrag kommt es dann, wenn ein Unternehmen aus dem Portfolio verkauft wird oder an die Börse geht (also bei einem »Exit«).

Kurse und Preisfeststellung

Es findet täglich eine Preisfeststellung des Fonds auf Basis des Net Asset Values (NAV) statt. Der Fonds trägt das Tickersymbol »PRIVX« und kann auf den Finanzseiten von Yahoo http://finance.yahoo.com abgerufen werden.

4.3   FundersClub

Fundersclub.com ging aus dem Internet-Brutkasten Y Combinator 2012 hervor. Das Unternehmen sammelte mit $6 Mio. die bis dahin höchste Summe an Frühphasengeldern für Y Combinator-Start-ups ein. Das Geld stammte von so prominenten Risikokapitalgebern wie First Round Capital, Intel Capital, A16Z, SV Angel. Auch die A-List der Business Angels im Valley beteiligte sich mit box-Gründer Aaron Levie und Chris Dixon (heute A16Z).

Alex Mittal und Boris Silver sind die Gründer von FundersClub. Ihr Ziel ist es, Investitionen in Start-ups mithilfe des Internets neu zu gestalten. Die Zahlen geben ihnen bisher recht: Aktuell verfügt die Plattform über mehr als 11 000 akkreditierte Investoren, die insgesamt mehr als $22 Mio. in insgesamt 99 Unternehmen investiert haben.

Bei FundersClub kann man bereits ab $2.500 in attraktive Start-ups investieren. Nach Aussage des Gründers Alex Mittal geht es nicht nur darum das Investieren in Start-ups zu »demokratisieren«, sondern es geht um die »Demokratisierung von Investments in die erfolgversprechendsten Start-ups überhaupt«. FundersClub wurde von der amerikanischen

Wertpapieraufsichtsbehörde SEC anerkannt, sodass Investoren einen sicheren Rechtsrahmen vorfinden.

Sehr smart gelöst ist bei FundersClub der komplette Investment- und Abschlussprozess. Er ist nämlich vollständig digital und die lästige Papierarbeit bei Venture-Capital-Investitionen entfällt. Die digital zu unterzeichnenden Kaufdokumente sind zudem standardisiert, sodass Investoren, die in mehrere Start-ups investieren wollen, sich leicht zurechtfinden werden.

Wie funktioniert FundersClub?

FundersClub ist ein Marktplatz, auf dem akkreditierte Investoren Anteile an Risikokapitalfonds erwerben, die in vorausgewählte Firmen investiert werden. Über FundersClub kann man in einzelne Unternehmen, Branchenfonds oder Themenfonds investieren. Beispielsweise wurden Branchenfonds für »Mobile«, »Hardware« oder »Bitcoin« aufgelegt. Themenfonds, die sich speziell auf Inkubatoren wie Y Combinator oder 500 Start-ups konzentrieren, existieren ebenfalls. Vorteil dabei ist, dass man über diesen Weg auch mit kleinen Beträgen in die, nach Auswahl von FundersClub, besten Start-ups aus den Y Combinator- und 500 Start-ups-Durchläufen investieren kann.

Konkret gliedert sich der Prozess zum ersten Investment in vier Schritte:

1. Mitglied werden

Man registriert sich auf den Seiten von FundersClub, kann dies am komfortabelsten mit seinem Facebook- oder LinkedIn-Profil tun. Anschließend wird man von FundersClub zu einem Akkreditierungsgespräch eingeladen, das über Skype stattfindet. Die Mitgliedschaft bei FundersClub ist kostenfrei, ein großer Vorteil im Vergleich zu kostenpflichtigen Investment- oder Business-Angel-Clubs.

2. Investitionsmöglichkeiten auf der Plattform

Der FundersClub-Marktplatz ist übersichtlich gestaltet. Nach dem Log-in findet man direkt die aktuellen Investmentmöglichkeiten strukturiert aufgeführt. Für jeden angebotenen Fonds bzw. jedes Unternehmen wird ein detailliertes Investmentprofil angeboten, inklusive Schlüsselkennzahlen, Marktinformationen sowie Fragen und Antworten der Gründer. Hilfreich ist auch der regelmäßige Newsletter, der auf neue Investitionsmöglichkeiten oder auf Neuigkeiten bei bestehenden Portfoliounternehmen hinweist.

3. Die Kauftransaktion
FundersClub-Mitglieder können die notwendigen Dokumente für den Kauf der auf dem Marktplatz angebotenen Anteile mittels einer elektronischen Signatur bestätigen. Ausdrucke und Postversand entfallen komplett. Der Kauf der Anteile kann zudem bequem online erfolgen. Dazu müssen online lediglich die Investitionshöhe sowie das Bankkonto hinterlegt werden.

4. Weiterführende Kommunikation
Investoren erhalten nach dem Kauf von Anteilen regelmäßig aktuelle Informationen aus den Unternehmen, Presseartikel sowie Berichte der Gründer. FundersClub bezieht aber auch seine Mitglieder aktiv zur Unterstützung seiner Start-ups ein. Die Investoren werden nicht nur als Geldgeber, sondern als wichtige Multiplikatoren und Unterstützer für die Start-ups gesehen, um z. B. neue Mitarbeiter, Kunden oder Marktzugänge zu gewinnen.

4.4   AngelList

Das klassische Venture-Capital-Geschäft im Silicon Valley konzentrierte sich über die letzten zwei bis drei Jahrzehnte im Wesentlichen um die berühmte Sand Hill Road, einem eingeschworenen und vertraulichen Netzwerk an Venture-Capital-Unternehmen und Business Angels. Deren Geschäftsmodell basiert auf den zwei Prinzipien Netzwerk und Geldbeschaffung bei Investoren sowie wohlhabenden Persönlichkeiten. Die Fonds der großen VC-Unternehmen erreichen heute locker die Milliardengrenze. Gleichzeitig haben sich die Kosten um ein Internet-Start-up zu gründen und aufzubauen aus technischer Sicht dramatisch verringert. Dank dem Cloud-Computing und Entwicklungsplattformen wie Amazons AWS Service (Amazon Web Service) und den Open-Source-Programmen für Datenbanken, Internetserver und Programmiersprachen kann heute ein Start-up bereits für wenige Tausend Dollar oder Euro an den Start gehen. Vor zehn bis fünfzehn Jahren war dafür bereits eine mindestens sechsstellige Investition erforderlich. Das Start-up Geschäft hat sich dramatisch gewandelt, die Eintrittsbarriere, um einen neuen Internetdienst oder eine App zu entwickeln, ist gering und damit geht die Anzahl neuer Start-ups signifikant nach oben.

Nachdem zahlreiche Branchen wie die Finanz-, Medien- und Telekommunikationsindustrie durch Internet und Smartphones komplett »disrupted«, also umgekrempelt wurden, war es an der Zeit, dass sich auch die Venture-Capital-Prozesse den neuen Gegebenheiten anpassen und stärker digitalisiert und transparenter gestaltet werden.

AngelList (angel.co) mit seinem Victory-Zeichen als Firmenlogo ist das Vorzeigebeispiel für den neuen Digitalansatz im Venture Capital.

Ähnlich wie dem LinkedIn-Profil können sich Start-ups, Investoren und Jobsuchende auf AngelList ein Profil anlegen. Ziel von AngelList ist die direkte Zusammenführung von Kapitalsuchenden mit Kapitalgebern über das Internet. Kopf und treibende Kraft hinter AngelList ist der indischstämmige Amerikaner Naval Ravikant. Ravikant gründete Ende der 1990er-Jahre eine Empfehlungsseite für E-Commerce, aus der dann Shopping.com wurde. Shopping.com wurde nach erfolgreichem Börsengang für $634 Mio. an eBay verkauft. Ravikant und seine Co-Gründer gingen dabei nahezu leer aus und verklagten die finanzierenden VC-Gesellschaften. Der Prozess wurde öffentlich, was ein Novum in der von Verschwiegenheit geprägten Hintertürpolitik im Silicon Valley war.

Ravikant hatte Blut geleckt und wollte Transparenz schaffen. Das Internet ist dafür die prädestinierte Plattform und so war AngelList geboren. Zunächst als E-Mail-Dienst gestartet, entwickelte es sich zu einem neuen vertikalen Sozialen Netzwerk, spezialisiert auf Internet-Start-ups, die nach Kapital und Mitarbeitern suchen.

Ravikant konnte die A-List der Top-Investoren überzeugen. AngelList hat $24 Mio. von Google Venture, Marc Andreessen, Mitch Kapor und Max

Levchin erhalten. Das »V«-Icon für Victory findet man bei allen wichtigen Leuten im Valley neben den LinkedIn- und Twitter-Icons zum »sharen« (teilen) von Inhalten auf deren Vita-Seite.

AngelList hat sich im Silicon-Valley-Ökosystem etabliert. Schätzungen zufolge haben bisher mehr als 2000 Start-ups über $200 Mio. Kapital über die Plattform eingesammelt. Das prominenteste Start-up ist Uber. Deren Gründer Travis Kalanick hatte im Oktober 2010 insgesamt $1,3 Mio. über AngelList in der Gründungsfinanzierungsrunde eingesammelt.

Zielgruppe

AngelList wendet sich primär an Business Angels. Interessant sind die angebotenen Start-ups, aber auch für professionelle Vermögensverwalter und Familiy Offices oder mittelständische und größere Unternehmen, die nach strategischen Beteiligungen für ihr Kerngeschäft suchen. Voraussetzung ist, dass man als akkreditierter Investor bei AngelList registriert ist. Gemäß der amerikanischen Wertpapieraufsichtsbehörde (SEC) setzt dies ein Jahreseinkommen von $300 000 bzw. ein Nettovermögen von $1 Mio. voraus.[55]

Laut Philipp Moehring, der das Europageschäft von AngelList vorantreibt, finden sich auf der Plattform aktuell 600 deutsche Investoren und knapp 5000, die an einem Investment in Start-ups Interesse bekundeten.[56] Weltweit verfügt AngelList über 18 000 akkreditierte Investoren und 100 000 Firmenprofile.[57]

Dienste und Geschäftsgegenstand

AngelList bietet aber weit mehr, als Kapitalgeber und Kapitalnehmer im Start-up-Umfeld zusammenzuführen. Ravikant beschreibt AngelList als »Weg, um Leute zusammenzubringen, die Geschäfte machen wollen«. LinkedIn im Gegensatz dazu hat es zwar geschafft, die größte Datenbank mit Profilen von Geschäftsleuten aufzubauen, jedoch kann man über

LinkedIn nicht tatsächlich geschäftlich zusammenarbeiten. AngelList ist für ihn eher einer eBay- oder einer Dating-Plattform wie match.com ähnlich.[58]

Ravikant schätzt, dass monatlich zwischen $10 und $12 Millionen über seine Plattform in Start-ups fließen. Da der Dienst kostenlos ist und der Kapitaltransfer nicht einer »Kauf«- oder »Verkaufs«-Gebühr wie bei eBay unterliegt, findet die Monetarisierung über einen ganz anderen Weg statt: AngelList hat sich als Rekrutierungsplattform für Start-ups und jobsuchende Entwickler, Designer und Marketingleute etabliert. Rund 4000 Firmen und 20 000 Jobsuchende nutzen diese Form der Rekrutierung.

Beteiligungsformen

AngelList unterscheidet zwei Arten von Beteiligungsformen. Zum einen kann man sich direkt an einzelnen Start-ups beteiligen und damit Einzelinvestments tätigen. Die zweite Form ist die Beteiligungsmöglichkeit über sogenannte Syndikate. Mittels Syndikaten kann man entlang von prominenten Angel-Investoren in interessante Start-ups investieren. Vorteil für den Anleger ist, dass man in sehr gute Deals zu denselben Konditionen wie die prominenten Angels investieren kann. Außerdem sind Investments mit kleineren Beträgen möglich, um damit sein persönliches Risiko zu diversifizieren. Sowohl AngelList als auch der Business Angel verlangen dafür eine Gebühr, die erfolgsabhängig strukturiert ist.

Prominente Syndikate werden angeführt von Tim Ferriss, Investor in Twitter, Facebook und Alibaba, bekannt auch durch den Bestseller *Die vier Stunden Woche*, Dave Morin, Gründer des sozialen Netzwerks Path und früher Investor in Facebook, oder Naval Ravikant von AngelList selbst.

Rechtliche Situation

Deutsche Investoren dürfen über AngelList in Start-ups direkt investieren, ebenso in Syndikate. Zum Teil wird bei einzelnen Syndikaten darauf hingewiesen, dass nur US-Investoren erwünscht sind. Aktuell können deutsche Business Angels Syndikaten noch nicht vorstehen, auch Investments von Syndikaten sind in deutsche Start-ups noch nicht möglich. Die deutsche Finanzaufsicht in Form der BaFin arbeitet an einer Neuregelung. Dementsprechend kann sich AngelList zum jetzigen Zeitpunkt noch nicht äußern, ob und wann diese Funktion auch in Deutschland angeboten wird.[59]

4.5 Y Combinator

Als Paul Graham 2005 mit Y Combinator startete, waren sogenannte Internetbrutkästen noch weitgehend unbekannt. Die größte Innovation, für die Y Combinator steht, ist nach Meinung von Graham der Aspekt Start-ups synchron (nebeneinander) zum Leben zu erwecken und fortzuentwickeln, anstatt dies asynchron (nacheinander) zu tun. Er vergleicht diese Vorgehensweise mit der Massenproduktion von Gütern, welche günstigere und qualitativ hochwertigere Produkte hervorbringt.

Einzigartigkeit von Y Combinator

Im Gegensatz zu anderen Internetbrutkästen bietet Y Combinator seinen Start-ups keine Büros und Infrastruktur. Stattdessen gibt es wöchentliche Abendessen mit den Gründern, zu denen dann jeweils die A-List aus dem Silicon Valley spricht. Dann kommt auch schon mal ein Mark Zuckerberg vorbei und plaudert aus dem Nähkästchen. Für die Gründer eine einmalige Gelegenheit, sich mit ihrem Start-up in den Fokus der Etablierten zu bringen. Die zwei wertvollsten und berühmtesten Beteiligungen von Y Combinator sind der Cloudspeicherdienst Dropbox und der Zimmervermittler Airbnb. Beides Unternehmen, die mittlerweile jeweils über $10 Mrd. wert sind. Insgesamt haben über den Zeitraum seit 2005 bereits über 600 Unternehmen den Y Combinator-Zyklus durchlaufen. Entsprechend hat sich ein großes Netzwerk an Ehemaligen entwickelt, von denen die Start-ups gegenseitig profitieren. Neben einem schnellen Know-how und Informationsaustausch hat man auch potenzielle Interessenten und Kunden vor der Haustür. Einzigartig ist zudem der Demo Day, also der Tag, auf den alle Start-ups sowie auch das Y Combinator-Team hinarbeiten. Von Beginn des Drei-Monats-Zyklus tickt ein für alle sichtbarer Countdown herunter, der gnadenlos wie bei einem Raketenstart auf 0:00 herunterzählt. Am Demo Day muss jedes einzelne Y Combinator-Start-up-Team in zwei Minuten sich vor einem Publikum von 400 Leuten verkaufen lernen. In einer strukturierten PowerPoint-Präsentation zeigt jedes Start-up sein Geschäftsmodell, seine Besonderheiten und die bereits erreichten Meilensteine.

Als Investor in Y Combinator-Unternehmen war ich selbst schon am Demo Day vor Ort und konnte die besondere Magie der Veranstaltung spüren. Diese fängt mit der Wahl des Veranstaltungsorts an: Das Computermuseum im Silicon Valley in Mountain View ist umrahmt vom Hauptquartier von Google auf der einen Seite und vom Highway 101 auf der anderen Seite, welcher von San Francisco bis hinunter nach Los Angeles führt.

Vor dem Veranstaltungssaal hängen in einer »Hall of Fame« alle wichtigen Persönlichkeiten der Computer- und Softwareindustrie. Namen wie der deutsche Konrad Zuse, Erfinder des Computers, sind ebenso zu sehen wie Steve Wozniak, Gründer von Apple Computer, oder Mitch Kapor, Erfinder der Tabellenkalkulation, ohne den es den PC so nicht gegeben hätte. Bereits morgens um 9 Uhr haben sich die Start-ups aufgereiht, die Gründer mit Namensschildern ihrer Unternehmen und suchen an kleinen runden Stehtischen das Gespräch mit potenziellen Investoren, um sich bereits vor der Präsentation warmzulaufen und in ein gutes Licht zu bringen. Meist sind bis zu 400 Investoren im Publikum, die bereits in der Vergangenheit in Y Combinator-Unternehmen investiert haben. Als Investor teilnehmen darf auch nur derjenige, der bereits in mindestens zwei Y Combinator-Unternehmen investiert hat. Die 400 Investoren haben es in sich. Leute wie der Schauspieler Ashton Kutcher, der ehemalige Football-Superstar der San Francisco 49ers Joe Montana oder aber Mitch Kapor, Gründer von Lotus 1-2-3, der berühmten Tabellenkalkulation. Aber auch aktive Führungskräfte aus Unternehmen wie Google, Apple, Oracle und Salesforce suchen nach Investitionsmöglichkeiten in Start-ups. Die kleinste Zeichnungsgröße liegt meist bei $10 000, die höchsten bei $250 000 bis $500 000. Im Anschluss an die Start-up-Präsentationen werden die Gespräche zwischen Gründern und Investoren in lockerer Atmosphäre weitergeführt. Meist werden dann direkt Investments getätigt oder aber innerhalb der nächsten Tage Termine für Investments vereinbart.

Y Combinator aus wirtschaftlicher Sicht

Mittlerweile durchlaufen circa 120 bis 140 Unternehmen pro Jahr den dreimonatigen Y Combinator-Zyklus. Seit 2005 hat Y Combinator über 1000 Unternehmen finanziert, die mittlerweile eine Gesamtbewertung von $65 Mrd. aufweisen. Aktuelles Beispiel für einen erfolgreichen Exit, sprich Verkauf, war das Videoportal Twitch. Amazon legte dafür die stolze Summe von $970 Mio. auf den Tisch. Alle Y Combinator-Unternehmen zusammen haben über $3,5 Mrd. an Risikokapital in den vergangenen neun Jahren eingesammelt.

Dazu gehören prominente Unternehmen wie Airbnb, Dropbox, Heroku, Instacart, Stripe, Zenefits und ZenPayroll. Insgesamt wurden über 70 Start-up-Unternehmen verkauft. Was noch fehlt, ist ein Börsengang eines Y Combinator-Unternehmens. Dropbox und AirBnB sind hier zwei heiße Kandidaten. Seit Juli 2014 wird Y Combinator von Sam Altman, einem ehemaligen Gründer und Y Combinator Alumni, geführt. Er versucht die Start-up-Thematik zu erweitern und neben reinen Internetunternehmen auch Start-ups aus den Bereichen Gesundheit, Energie und Umweltschutz zu gewinnen. Seine Vision ist Y Combinator als führenden Brutkasten für alle wichtigen Zukunftsbranchen zu etablieren. Altman hält persönlich Ausschau nach Start-ups aus den Bereichen Gesundheit und Energie. Aus dem einfachen Grund: Dies sind für ihn die größten Wachstumsmärkte der Zukunft überhaupt und da gilt es für Y Combinator Präsenz zu zeigen und diese Claims frühzeitig abzustecken.[60]

Zielgruppe

Y Combinator ist wie AngelList primär für Business Angels, professionelle Vermögensverwalter und Familiy Offices sowie mittelständische und größere Unternehmen, die nach strategischen Beteiligungen für ihr Kerngeschäft suchen, interessant. Der Zugang zu Y Combinator ist sehr exklusiv, nur wenn man bereits in ein Y Combinator-Unternehmen investiert

hat, erhält man auch die Einladung zum halbjährlich stattfindenden Demo Day (März/August).

Minimum Investment

Die Zeichnungsgrößen für Investitionen in Y Combinator-Unternehmen
starten meist bei $10 000 und gehen bis zu $250 000 bis $500 000. Die
nach Meinung der Silicon-Valley-Insider interessantesten Start-ups nehmen ihr Kapital meist aus einem kleinen Zirkel von Investoren auf. Außenstehende ohne Namen und Erfolgsliste (TrackRecord) bleiben in solchen Fällen außen vor. Meist gelingt es den Start-ups bei einer Bewertung
von $5 Mio. bis $15 Mio. zwischen $500 000 und $2 Mio. innerhalb von
ein bis zwei Wochen einzusammeln.

Ablauf eines Investments

Die Start-ups, die Y Combinator durchlaufen, haben den Vorteil, dass
sämtliche Investorendokumente hochgradig standardisiert sind. Die Beteiligung an einem Y Combinator-Start-up geschieht über eine konvertier-
bare Schuldverschreibung »convertible debt«, dies ist eine Standardvari-
ante in der Gründungsphase (seed phase). Die Schuldverschreibung ist
mit einer Verzinsung von in der Regel 2% sowie einer Bewertungsgrenze
(Valuation Cap) von $5 bis $15 Mio. ausgelegt. Die Bewertungsgrenze stellt
die obere Grenze dar, bis zu der das Darlehen in Anteile am jeweiligen
Start-up in der ersten Finanzierungsrunde umgewandelt wird. Somit hat
der Investor der Schuldverschreibung von Beginn an Planbarkeit.

4.6   500 Start-ups

Dave McClure, vormals Marketingdirektor bei PayPal und ebenfalls Teil
der legendären »PayPal-Mafia«, ist Gründer und CEO von »500 Start-
ups«, einem weiteren bedeutenden Inkubator. Nach seiner Zeit bei Pay-
Pal investierte er reihenweise in Internetunternehmen mit Fokus Endkunden (B2C) und gehörte mit seinem Blog »500 Hats« zu den zehn

meistgelesenen Blogs über Venture Capital. Daraus entstand im Jahr 2010 »500 Start-ups«. 500 Start-ups bezeichnet sich als »Frühphasenbeschleuniger« (Seed Accelerator) und Investmentfonds. McClures Prinzip ist »Ausführung« (Execution). Im Gegensatz zu Y Combinator stellt 500 Start-ups in Mountain View (Silicon Valley), San Francisco und Mexico City den Start-ups Büro und Infrastruktur sowie ein Mentorenprogramm zur Verfügung. Die Start-ups durchlaufen ein Vier-Monatsprogramm, das ebenfalls in einem Demo Day, also einer Investorenveranstaltung mündet.

500 Start-ups hat bereits in mehr als 800 Unternehmen in mehr als 40 Ländern und mehr als 2000 Gründer investiert. Die Investmentschwerpunkte liegen in den Bereichen E-Commerce für Endkunden, Cloud-Dienste, Finanzdienste, Bitcoin, Mobil- und Tablet-Anwendungen, Spiele und Bezahlsysteme.

500 Start-ups investiert zwischen $25 000 und $250 000 im Schnitt in Start-ups. Zu den Sponsoren zählen Unternehmen wie Samsung, Qualcomm Ventures, PayPal und der Cloud-Dienst von Amazon AWS. 500 Start-ups ist deutlich internationaler ausgerichtet als Y Combinator und ist mit eigenen Leuten und Partnern nicht nur im Silicon Valley, sondern auch in New York, Mexico City, Brasilien, Indien, China, Südkorea und Taiwan vertreten.

Zielgruppe

500 Start-ups wendet sich an akkreditierte Investoren, also Investoren, die gemäß der amerikanischen Wertpapieraufsichtsbehörde mindestens ein Einkommen von $200 000 oder ein Vermögen von $1 Mio. vorweisen können.

Aktuell kann der akkreditierte Investor in vier verschiedene Fonds investieren. Investments in einzelne Unternehmen sind allerdings nicht möglich. Grundsätzlich sind die Fonds von 500 Start-ups für den wohlhabenden Privatanleger gedacht, aber auch für Vermögensverwalter und Family Offices können die Fonds als Beimischung von Interesse sein.

Die Akkreditierung sowie der Abruf von Investorenpräsentationen und Fondsinformationen findet über das unabhängige Portal SeedInvest (www.seedinvest.com) statt.

4.7 Plug and Play

Den Ausdruck Plug and Play kennt jeder Computer- und Elektroniknutzer. Frei übersetzt: Einfach einstöpseln und loslegen. Genau das ist der Anspruch und das Prinzip von Saeed Amidi, der im Jahr 2006 Plug and Play mit Sitz in Sunnyvale im Silicon Valley gegründet hat. Er konnte auf einer soliden Grundlage aufbauen: Sein Vater hat jahrzehntelange Valley-Verbindungen und ist sehr kapitalstark. Plug and Play hat bisher 1200 Start-ups betreut, die in Summe mehr als $1 Mrd. Venture Capital aufgenommen haben. Im Jahr 2013 hat Plug and Play 62 eigene Investments in Start-ups getätigt und 150 Silicon-Valley- sowie 100 internationale Start-ups betreut. Saeed Amidi ist sehr quirlig und kosmopolitisch und wird deshalb im Silicon Valley gerne auch als der »heißeste Kuppler« (Matchmaker) genannt. Plug and Play ist sehr international ausgelegt, das Format gibt es als Ableger neben dem Silicon Valley auch in San Diego, Kanada, Jordanien und Singapur. In Deutschland wird ein Joint-Venture mit dem Verlagshaus Axel Springer unter dem Namen axelspringerplugandplay.com betrieben.

Plug and Play ist nicht nur sehr international, sondern auch thematisch breit aufgestellt. Es gibt spezielle Formate für die Branchen Handel, Versicherungen und Bitcoin sowie weitreichende Partnerschaften mit Unternehmen aus der Industrie wie dem amerikanischen Versicherer Allstate, der Suchmaschine Baidu, dem Handyhersteller Blackberry, den Elektronikkonzernen Fujitsu, Hitachi, Samsung und Huawei sowie den Autokonzernen Hyundai, Mercedes Benz und Volkswagen.

Der Automobilzulieferer Bosch gründete im Sommer 2014 über seine Tochter Bosch Sensortec gemeinsam mit dem amerikanischen Autoversicherer State Farm das neueste Plug-and-Play Format »Plug and Play Internet of Things« also für das Internet der Dinge, in Deutschland auch als Industrie 4.0 bezeichnet. Es sollen zwischen $25 000 und $100 000 in bis zu 30 Start-ups fließen, die Anwendungen aus dem Bereich Internet der Dinge entwickeln. Bosch Sensortec als einer der weltweit führenden Sensorhersteller verspricht sich damit einen Innovationsschub auf dem Weg zu Industrie 4.0. Bosch, sonst eher als sehr konservativ verschrien, zeigt hier auf, was die gesamte deutsche Industrie und der deutsche Mittelstand deutlich intensiver aufgreifen müssten: Kooperationen und/oder Beteiligungen an innovativen Start-ups aus dem Silicon Valley können ein wichtiger Pfeiler bei der Zukunftssicherung der deutschen Industrie im 21. Jahrhundert sein.

Für Amidi ist das Silicon Valley das Epizentrum für Start-ups, genau wie Hollywood für die Filmindustrie. Nur im Silicon Valley gibt es die Gründerkultur, die Investoren und die Beispiele für Erfolge und Misserfolge im Start-up-Business.[61]

Zielgruppe

Plug and Play ist wie Y Combinator und AngelList primär für Business Angels, professionelle Vermögensverwalter und Familiy Offices sowie mittelständische und größere Unternehmen, die nach strategischen Beteiligungen für ihr Kerngeschäft suchen, interessant. Als interessierter Investor habe ich selbst im Frühjahr 2014 an einem Plug and Play Demo Day teilgenommen. Für die Teilnahme kann man einfach das Plug-and-Play-Team (www.plugandplaytechcenter.com) kontaktieren. Bezieht man den Plug-and-Play-Newsletter, wird man auf die Veranstaltungen hingewiesen.

5. Erfolgreich in Technologie-
unternehmen investieren

5.1 Die wichtigsten Bewertungskennzahlen – was sind die Bewertungstreiber?

Während des ersten Internet-Börsenhypes um das Jahr 2000 herum wurden häufig rein fiktive Kennzahlen über angeblich erfolgreiche Internetunternehmen gehandelt. Kennzahlen wie Klick-Raten oder »Eyeballs«, also Besucher oder potenzielle Besucher, waren in Analystenstudien und selbst in Börsenprospekten zu lesen.

Fünfzehn Jahre später, im Jahr 2015, haben sich harte betriebswirtschaftliche Kennzahlen auch bei Internetunternehmen durchgesetzt. Dies ist umso bedeutsamer, da die Anzahl der Internetanwender nicht mehr eine Handvoll Millionen sind, sondern in der Zwischenzeit durch die explosionsartige Verbreitung der Smartphones in die Milliarden geht.

Die folgenden zehn Bewertungskennzahlen sind eine gute Grundlage bei einer Investitionsentscheidung in Technologieunternehmen und Start-ups im Speziellen. Sie gehen auf Tomasz Tunguz, Risikokapitalunternehmer bei Redpoint im Silicon Valley, zurück.[62]

Umsatzwachstum

Das Umsatzwachstum zeigt in absoluten Zahlen, wie das Produkt bzw. der Service des Internetunternehmens grundsätzlich angenommen wird. Die Umsatzzusammensetzung wiederum gibt einen Einblick, ob das Wachstum von einer Vielzahl von Kunden in überschaubaren Vertriebszyklen oder durch wenige Großkunden über längerfristige Vertriebsanstrengungen generiert wird.

Nettoertrag

Der Nettoertrag ergibt sich aus der Rechnung Umsatz minus sämtliche Kosten. Bleibt unter dem Strich ein Minus, so spricht man auch von der »Cash Burn Rate« (Geldverbrennungsrate). Aus den Parametern Cash, Nettoertrag und Umsatz lässt sich ermitteln, wann und in welcher Größenordnung eine neue Finanzierungsrunde notwendig wird. Eine hohe Cash Burn Rate muss nicht zwingend schlecht sein, insbesondere dann, wenn das Unternehmen hohe Vorabkosten (z.B. Aufbau Vertriebsmannschaft, Werbeausgaben) tätigt, um sich als Marktführer positionieren zu können. Da viele risikokapitalfinanzierte Internetunternehmen nach dem Prinzip operieren: »The Winner takes it all« – also der Marktführer hat das gesamte Marktsegment für sich vereinnahmt (siehe Google für das Geschäft mit Suchmaschinen oder Facebook für Soziale Netzwerke), sind die Nettoerträge auch häufig beim Börsengang und in den ersten Jahren danach negativ. Als der Kurzmitteilungsdienst Twitter im Herbst 2013 an die New Yorker Börse ging, war der Nettoertrag negativ. Problematisch sind hohe Cash Burn Rates immer dann, wenn sich die Finanzmarktstimmung ins Negative dreht und die Kapitalbeschaffung, aber auch die Unternehmensbewertungen herausfordernder werden. Dann kann auch ein Internethighflyer in wenigen Wochen zu einem Übernahme- oder Insolvenzkandidaten werden. Tendenziell sieht man deshalb in den vergangenen Jahren im Silicon Valley als Lehre aus dem Crash zwischen 2000 und 2003, dass Start-ups mit bis zu dreistelligen Millionenbeträgen finanziert werden, um somit genug Geld auf dem Firmenkonto zu haben, kritische Finanz- und Börsenphasen damit zu umgehen und sich auf das langfristige Wachstum zu konzentrieren.

Bruttomarge

Die Bruttomarge zeigt, wie teuer die Herstellung des Produkts ist. Die Berechnungsgrundlage ist Umsatz minus Herstellungs- und Vertriebskosten.

Beim Verkauf von Software schließt dies die Server- und Hosting-Kosten, verwendete Softwarelizenzen und Umsatzbeteiligung durch Dritte (z.B. Werbenetzwerke) ein. Viele Softwareunternehmen haben Bruttomargen von 80% oder mehr. Daraus speist sich die hohe Attraktivität von Softwareunternehmen. Durch internetgestützte Software (Cloud Computing) steigen die Margen noch zusätzlich da insbesondere die Wartung und der AfterSales Service deutlich weniger kostenintensiv sind, als bei herkömmlichen Softwareinstallationen auf Einzelrechnern.

Deckungsbeitragsmarge

Die Deckungsbeitragsmarge misst den Gewinn pro Einheit exklusive der Fixkosten. Um den Deckungsbeitrag zu berechnen, nimmt man den gesamten Umsatz aus dem Verkauf eines Produkts minus die variablen Kosten, die notwendig sind um die Einheit zu verkaufen. Je höher die Deckungsbeitragsmarge, desto profitabler ist das jeweilige Geschäft. Vertriebs- und Marketingkosten sind die hauptsächlichen Deckungsbeitragskosten bei Softwareunternehmen. Deckungsbeitragsmargen liegen je nach Branche in der Regel bei 5% bis 25%. Sie müssen aber auch immer im Kontext der Fixkosten gesehen werden.

Vertriebseffektivität

Die Vertriebseffektivität misst, wie sich die Vertriebsaktivitäten in Kundenakquise niederschlagen und zeigt, wie gut ein Unternehmen seine Produkte und Dienste bewerben und verkaufen kann. Je länger die Rückzahlungsperiode ist, umso höher ist das Risiko, dass der Kunde seinen Vertrag vorzeitig kündigt und damit die entstandenen Marketing- und Vertriebsaufwendungen nicht ausgeglichen werden können. Bei Cloud-Computing-Unternehmen, die häufig monatliche Zahlungsströme haben, ist die Vertriebseffektivität eine wesentliche Achillesferse. Sehr gute Unternehmen im Segment Cloud Computing schaffen die Rückzahlung der Kundenakquise über die Abonnementgebühren der Kunden innerhalb einer Zeitspanne von sechs bis zwölf Monaten.

Kündigungsraten

Sind die monatlichen Kündigungsraten so hoch wie das Wachstum in der Kundenakquise oder gar höher, handelt es sich bei dem betreffenden Unternehmen um eine reine Geldverbrennungsmaschine. Liegt das Kundenwachstum über den Kündigungsraten bzw. noch besser: Sind die Kündigungsraten negativ, das heißt, die bestehenden Kunden nutzen mehr Funktionen und sind deshalb auch bereit, eine höhere Abonnementgebühr zu bezahlen, so handelt es sich um ein interessantes Unternehmen mit nachhaltigem Geschäftsmodell.

Gehälter

Der Kostenblock Gehalt ist bei Start-ups meist der größte Posten. Interessant sind zum einen die Gehaltshöhen der einzelnen Mitarbeiter in ihren jeweiligen Funktionsbereichen im Vergleich zu Wettbewerbern.

Sind die Gehälter zu niedrig, besteht die Gefahr, dass die Fluktuationsraten hoch sind. Bei zu hohen Gehältern besteht die Gefahr, dass den Mitarbeitern die unternehmerische Motivation fehlt, was aber bei erfolgsorientierten Start-ups in einer von hohem Wettbewerb geprägten Landschaft von essentieller Bedeutung ist.

Verkaufsrelation

Ein guter Indikator für ein hoch skalierendes Internetgeschäft ist die Relation der Gehälter von Vertriebsmitarbeitern zu den von ihnen erzielten Umsätzen. Ein hoher Faktor signalisiert, dass es sich um einen hochproduktiven Vertriebsstab handelt. Typische Vertriebsumsätze pro Mitarbeiter im Softwarebereich können bei $150 000 bis $600 000 liegen, in der Spitze im Bereich Unternehmenssoftware bis zu $1 bis $2 Mio.

Marketingaufwendungen

Reine Marketingaufwendungen, also ohne Personalkosten, beinhalten Ausgaben für Werbung und Veranstaltungen. Im Gegensatz zu Personalkosten kann dieser Kostenblock jederzeit rauf- oder runtergefahren werden. Bei Start-ups haben Marketingaufwendungen häufig einen Anteil von 5% bis 20% der Gesamtausgaben.

Umsatz pro Mitarbeiter

Die Relation Umsatz pro Mitarbeiter verdeutlicht, ob sich hinter dem zu analysierenden Unternehmen ein hochskalierbares Geschäftsmodell verbirgt oder nicht. Zum Vergleich: Alphabets Marktkapitalisierung liegt deutlich über der von Walmart, obwohl Alphabet nur eine Mitarbeiterzahl in Höhe von 2% von Walmart hat.

Umsatz versus Bruttomarge: Warum ist Bruttomarge bedeutsamer?

Der Umsatz und das Umsatzwachstum sind landläufig die maßgeblichen Größen, an dem ein Unternehmenserfolg gemessen wird. Tatsächlich ist die Bruttomarge bei Software- und Internetunternehmen viel interessanter. Sie ist der Treiber für Investitionen und Wachstum auf dem Weg zur Profitabilität.

Unternehmen mit einer hohen Bruttomarge haben eine starke Marktstellung mit einem Produkt, das einen hohen Kundennutzen hat. Dementsprechend sind Kunden bereit, einen Premiumpreis für das Produkt zu bezahlen. Gleichzeitig kann das Unternehmen aus der hohen Marge deutlich aggressiver in Bereiche wie Forschung und Entwicklung sowie Vertrieb und Marketing investieren und so seine Vormachtstellung weiter ausbauen. Unternehmen aus dem Bereich Cloud Computing kommen auf Bruttomargen von 50% bis 75%, in der Spitze sogar auf über 80%. Deshalb sind Investoren und Risikokapitalgeber auch bereit, hohe Aufschläge auf schnell wachsende Unternehmen aus dem Bereich Cloud Computing zu zahlen, da sie darin das nächste Google oder Facebook sehen, das ihr jeweiliges Marktsegment dominieren kann. Cloud-Computing-Unternehmen haben durch ihren Plattformansatz geringe Bereitstellungskosten pro Kunde, da nur eine Softwareversion zentral über das Internet gepflegt werden muss und alle Kunden einheitlich auf dieselbe Version zugreifen. Im Gegensatz dazu sind Softwarelösungen, die auf einzelnen Rechnern installiert werden müssen, sehr aufwendig zu pflegen. Man denke dabei nur an Betriebssystemhersteller wie Google mit Android sowie Microsoft mit Windows, die Dutzende oder gar Hunderte verschiedener Versionen unterstützen müssen. Damit verbunden sind hohe Kosten für Wartung und Support.

5.2 Software-as-a-Service (SaaS) verändert die Bewertung radikal – mieten statt kaufen

Das Cloud Computing, also die zentrale Bereitstellung der Software auf Internetservern, ist der neue Megatrend. Während man im PC-Zeitalter Software wie Textverarbeitung, Tabellenkalkulation, Präsentations- und E-Mail-Programme zentral auf dem Einzelplatzrechner installiert hat, werden die Programme zunehmend von großen Rechenzentren über das Internet zur Verfügung gestellt. Treiber dieser Entwicklung sind die verbesserte technische Infrastruktur in Form von Netzbandbreite und geringerer Kosten für Rechner- und Speicherkapazitäten. Amazon ist mit seinem Dienst Amazon Web Services (AWS) der Vorreiter für die Bereitstellung einer Cloud-Infrastruktur. Technologieunternehmen und Start-ups müssen heute also nicht mehr wie früher teure Investitionen in einen Serverpark tätigen, sondern können die Rechnerkapazitäten bequem bei Anbietern wie Amazon mieten. Die Folge ist, dass die Einstiegs- und Investitionshürden für neue Start-ups und deren Dienste deutlich abnimmt. Auch große Anbieter wie SAP oder der Videostreamingdienst Netflix nutzen die Mietplattform AWS von Amazon.

Doch nicht nur die Bereitstellung der Software hat sich geändert, sondern auch die Abrechnungs- und Bezahlmodelle. Statt vorab die Softwarelizenz als Einmalbetrag zu bezahlen, etablieren sich durch den Ansatz

»Software-as-a-Service« (SaaS) abonnementbezogene Bezahlformen. Der Kunde kauft die Software nicht mehr, sondern er mietet sie. Damit ändern sich auch die Bewertungsfaktoren für Softwareunternehmen. Die Analysten und die Börse, häufig fixiert auf kurzfristige Erträge, müssen umdenken und tun sich vielfach noch schwer mit der Neubewertung von SaaS-Unternehmen.

Als das weithin bekannte Cloudsoftware-Unternehmen box im Frühjahr 2014 die erste Version seines Börsenprospekts (Hinweis: In den USA wird der Börsenprospekt als S1 bezeichnet) veröffentlichte, war der Aufschrei an der Wall Street groß. Box hatte im Geschäftsjahr 2013 bei einem Umsatz von $124 Mio. einen Verlust von $171 Mio. erzielt.

Das heißt, der Verlust überstieg die Umsätze um 50%. Box hatte die Verluste bewusst in Kauf genommen, eine große Vertriebsmannschaft aufgebaut, um seine Marktstellung durch aggressives Wachstum innerhalb kürzester Zeit auszubauen. Doch die Börse mag Profitabilität und dementsprechend musste der CEO von box, Aaron Levie, feststellen, dass er noch viel Erklärungsarbeit bei Analysten leisten muss, damit sein Unternehmen Anklang findet.

Warum tun sich also Analysten so schwer mit SaaS-Unternehmen und dem Cloud Business? Analysten sind fixiert auf die Gewinn- und Verlustrechnung eines Unternehmens. Umsatz und Ertrag pro Aktie sind die bisherigen Maßgrößen an der Börse.

Scott Kupor und Preethi Kasireddy vom Risikokapitalgeber Andreessen Horowitz, die massiv in SaaS und Cloud-Computing-Unternehmen investieren, haben in einem beachtenswerten Aufsatz aufgezeigt, wie man bei der Bewertung von SaaS-Unternehmen vorgehen soll und dabei die Attraktiven von den weniger Attraktiven sezieren kann.[63]

Wir wollen dies im Folgenden anhand von Beispielen herleiten:

Der Hauptunterschied zwischen traditionellen Softwareunternehmen und SaaS-Unternehmen

Softwareunternehmen wie SAP, Oracle oder Microsoft erzielen bis dato ihre wesentlichen Umsätze mit dem Verkauf von Softwarelizenzen. Dabei erhalten sie beim Verkauf der Lizenzen den kompletten Betrag und in der Folge erzielen sie aus Erweiterungen (Upgrades) sowie aus Wartungsgebühren (meist zwischen 15% und 20% p.A. der ursprünglichen Lizenzkosten) zusätzliche Einnahmen. Die Lizenzeinnahmen können sofort als Umsätze aktiviert und in der Gewinn- und Verlustrechnung den Aufwendungen gegenübergestellt werden. Im Gegensatz dazu bedeutet der SaaS-Ansatz, dass Kunden für die aus dem Internet bezogene Software eine monatliche Mietgebühr entrichten.

Die Verträge können zwar eine Laufzeit von 12 bis 24 Monaten beinhalten, allerdings können die erzielten Umsätze aufgrund der Bilanzierungsvorschriften nur auf Monatsbasis in der Bilanz als Umsätze verbucht werden. Bei 24 Monaten Laufzeit können monatlich lediglich 1/24 der Umsätze als Einnahmen deklariert werden. Im Gegensatz dazu aber hat das SaaS-Unternehmen seine Ausgaben direkt zu verbuchen.

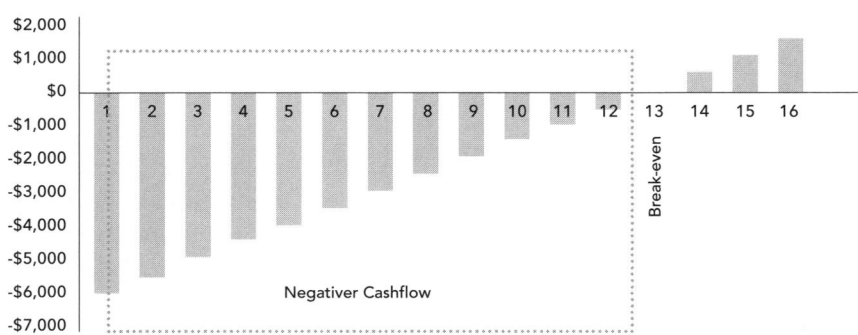

Kumulierter Cashflow am Beispiel eines Kunden[63]

Die Grafik zeigt den Fall, wonach das SaaS-Unternehmen $6000 aufwendet, um einen Neukunden für einen längerfristigen Softwaremietvertrag zu gewinnen. Die Einnahmen aus dem Software-Abo belaufen sich in dem Beispiel auf $500 pro Monat. Entsprechend ist der Break-even im 13. Monat erreicht.

Fazit: Je mehr Kunden ein SaaS-Unternehmen gewinnt, umso stärker dreht der Cashflow kurzfristig ins Negative, steigt dann aber steil an ins Positive. Risikokapitalinvestoren lieben diesen Verlauf, der in der Branche auch »Hockeystick«-Effekt genannt wird, weil die Kurve so stark ansteigt wie bei einem Eishockeyschläger.

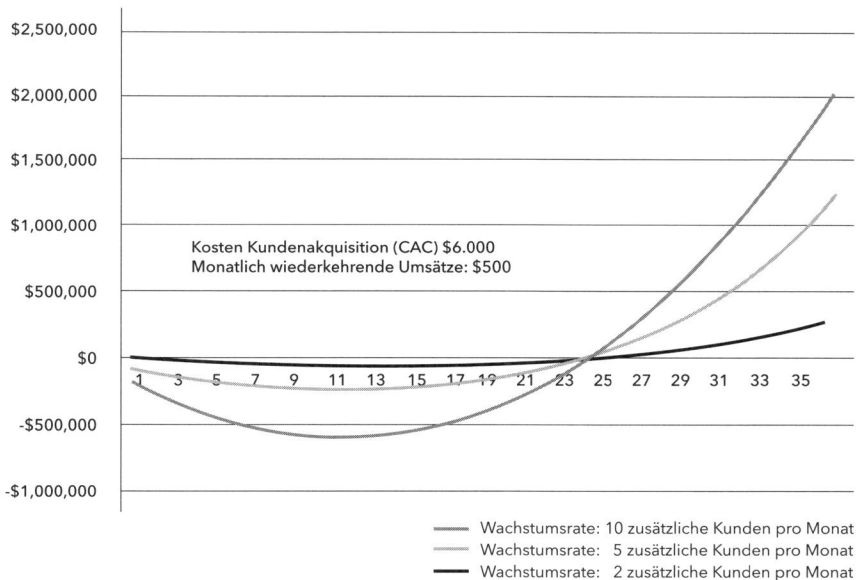

Hoher negativer Cashflow dreht umso stärker ins Plus[63]

Warum sollte man in SaaS-Unternehmen investieren?

SaaS-Unternehmen weisen in der Regel eine hohe »Stickyness« auf. Investoren lieben diesen Begriff, sagt er doch aus, dass der Dienst für den Kunden von großer Bedeutung bei gleichzeitig hoher Kundenbindung ist. Der Kunde hat sich bewusst für das Outsourcing seiner Softwareprogramme zu einem externen SaaS-Anbieter entschieden, meist um die hohen

Lizenz-, Infrastruktur- und Personalkosten zu sparen. Da die Geschäftsprozesse, die häufig unternehmenskritisch sind, über den SaaS-Dienst laufen, kann das Unternehmen den SaaS-Anbieter nicht einfach von einem Monat auf den anderen wechseln.

Weitere Gründe sind die zunehmend dezentrale Entscheidungsfindung für neue Software durch die Anwendungsabteilungen, wohingegen früher Software zentral über die IT-Abteilungen eingeführt wurde. Im Zeitalter von »Bring your own Device«, wo Mitarbeiter ihr eigenes Equipment wie Smartphone und Tablet wie selbstverständlich ins Unternehmen mitbringen, gilt der Anspruch an Software, dass sie so einfach zu bedienen ist wie die eigene Facebook- oder LinkedIn-Seite. Mitarbeiter lassen sich also nicht mehr abspeisen durch lange Entwicklungszeiten oder ungenügende Benutzeroberflächen, sondern verlangen internet- oder appbasierte Lösungen, die »apple like« aussehen und auch so zu bedienen sind.

Die zwei wichtigsten Gründe aber resultieren aus dem zentralen Plattformansatz, der den SaaS-Modellen zugrunde liegt:

1. SaaS-Unternehmen müssen nur noch ein Bruchteil in die Pflege und Wartung ihrer Software investieren, da sie immer nur eine Version auf ihren Servern laufen haben. Microsoft muss dagegen ihre Betriebssysteme über zehn Jahre und mehr in unterschiedlichen Varianten weiterpflegen. Was extrem zeit- und kostenintensiv ist. Bei Windows XP wurde die Wartung in 2014 nach zwölf Jahren eingestellt.

2. Technologiemärkte sind »Winner takes it all«-Märkte. Wer mit seinem Internetdienst einen neuen Markt auftut und auf Kundennachfrage stößt, muss durch hohe nachhaltige Investitionen in Vertrieb und Marketing versuchen, den gesamten Markt für sich zu monopolisieren und damit Konkurrenzunternehmen von vornherein klein zu halten oder zu unterbinden.

Woran erkennt man SaaS-Unternehmen mit hoher Attraktivität?

Die Attraktivität von SaaS-Unternehmen kann man anhand der beiden Kennzahlen Kundenakquisition (Customer Acquisition Costs) und Kundenlebenszykluswert (Customer Lifetime Value) am besten messen. Die Kosten für die Kundenakquise lassen sich ermitteln aus den Vertriebs- und Marketingaufwendungen zur Kundengewinnung im Verhältnis zu den neu hinzugewonnenen Kunden pro Betrachtungsperiode.

Der Customer Lifetime Value (LTV) gibt an, welchen Wert das Unternehmen mit dem Kunden über die gesamte Vertragsbeziehung generiert. Der LTV wird errechnet aus (jährlich wiederkehrend Umsätze x Bruttomarge) / (% Kündigungen + Diskontierung). Der Customer Lifetime Value sollte immer größer sein als die Customer Acquisition Costs, idealerweise dreimal so groß.

Kündigungsrate ist der ultimative Lackmustest

Die Kündigungsrate drückt aus, wie zufrieden der Kunde mit dem Angebot ist und ob es so einzigartig ist und ein Wechsel dementsprechend nicht infrage kommt. Die Wachstumsraten im Quartal sollten in jedem Fall über den Kündigungsraten liegen. Man sollte nicht nur die absoluten Kundenzahlen (bzw. Kündigungen), sondern vielmehr die Umsätze im Zusammenhang der Kündigungsraten sehen. Sehr attraktiv sind Unternehmen mit negativer Kündigungsrate, d.h. Unternehmen, die es schaffen mit dem bestehenden Kundenstamm ständig zusätzliche Umsätze zu generieren. Generiert ein Technologieunternehmen mit seinem bestehenden Kundenstamm zusätzliche Umsätze, so steigt die Bruttomarge deutlich an. Apple ist ein Beispiel, bei dem eine hohe Kundenbindung existiert und die Kunden immer weitere Produkte des Apple-Ökosystems kaufen.

Aufgeschobene Umsätze (Deferred Revenue)

Ein weiterer wichtiger Indikator bei SaaS-Unternehmen ist der Bilanzposten Aufgeschobene Umsätze (Deferred Revenue). Diese finden sich in der Bilanz zunächst als Forderungen wieder und werden entsprechend den Zahlungszyklen aus den Abonnements aufgelöst und als Umsätze aktiviert. Bei einem 24-monatigen Vertrag werden entsprechend monatlich 1/24 der Gesamtumsätze aktiviert. Die Rechnungsstellung (Billing) zeigt, wie gesund das Unternehmen wächst. Sie beinhaltet den Umsatz des aktuellen Quartals sowie die Auflösung der Rückstellung aus dem Vorquartal und ist ein sehr guter Vorlaufindikator für das SaaS-Geschäft.

Anwendung der Kennzahlen an einem Unternehmensbeispiel

Die Firma Workday gehört zu den führenden SaaS-Unternehmen für Firmenkunden. Workday wird auch landläufig als SAP oder Oracle des Cloud Computing bezeichnet. Workday ist seit 2012 börsennotiert mit einer Marktkapitalisierung im zweistelligen Milliardenbereich. Es erwirtschaftet einen Jahresumsatz von einer halben Milliarde und ist dementsprechend ein gutes Referenzbeispiel zur Anwendung der Kennzahlen.

Fiscal Years Ending Jan 31,	2012	2013	2014
Subscription Services Revenue	$89	$190	$354
%YoY Growth	*142%*	*115%*	*86%*
Professional Services Revenue	$46	$83	$115
%YoY Growth	*34%*	*82%*	*38%*
Total Revenue	$134	$274	$469
%YoY Growth	*98%*	*104%*	*71%*
Gross Margins	51%	57%	62%
Operating Margins	-58%	-43%	-33%

Workday: Kontinuierlicher jährlicher Anstieg der Gesamtmarge (Gross Margins) und operativen Marge (Operating Margins)[63]

Fiscal Years Ending Jan 31,	2012	2013	2014
Subscription Services Revenue	$89M	$190M	$354M
Total Customers	259	400	600
Average Subscription Revenue Per Customer	$342,220	$475,800	$590,282
Subscription Gross Margin	75%	79%	80%
Lifetime Value	$2,326,887	$3,433,386	$4,317,788
CAC	$502,543	$612,823	$690,806
LTV/CAC	4.6x	5.6x	6.3x

Workday: LTV/CAC ist größer als drei und wächst jeweils gegenüber Vorjahr[63]

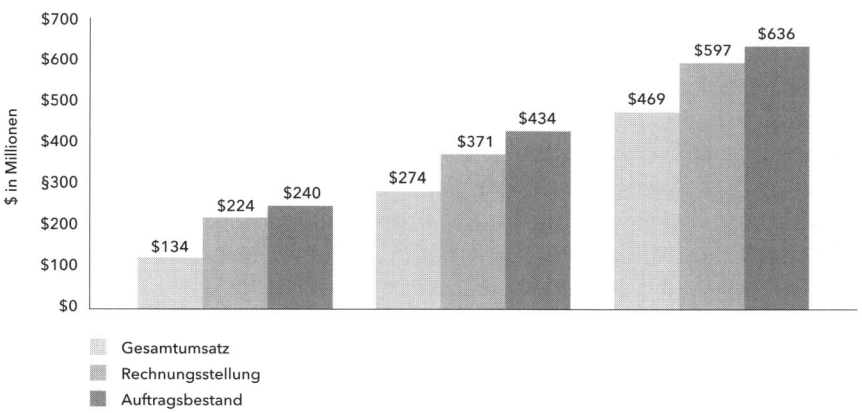

Workday: Kontinuierliches Wachstum der Umsätze, Rechnungsstellung und des Auftragsbestands[63]

5.3 Verbreitung versus Monetarisierung, ein Widerspruch?

Was ist für ein junges Start-up wichtiger? Eine schnelle Verbreitung seines Dienstes im Markt oder eine kurzfristige Monetarisierung? Möglicherweise liegt in dieser Fragestellung auch der Grund, warum amerikanische Start-ups erfolgreicher und größer werden als europäische Start-ups. Für amerikanische Risikokapitalgeber ist deshalb bei einem Investment primär von

Interesse, dass es sich um Services mit Alleinstellungsmerkmalen handelt, die eine möglichst große Zielgruppe in einem attraktiven Markt bedienen.

In so einem Fall erhalten Start-ups massiv Risikokapital, um den Dienst schnell auszubauen und die Userzahlen hochzuskalieren.

Internet-Plattformen funktionieren heute mehr denn je nach dem Prinzip »The winner takes it all«. Die damit verbundene Oligopol-Bildung schafft hohe Profite und damit steigende Unternehmenswerte. Die vier großen Anbieter Alphabet, Apple, Facebook und Amazon sind dafür das beste Beispiel. Facebook hatte bereits mehrere Finanzierungsrunden mit Kapitalspritzen von Hunderten von Millionen Dollar hinter sich und konnte auf dieser soliden Basis das Nutzerwachstum international ausbauen. Erst als sich Facebook als dominierendes soziales Netzwerk in den USA und in vielen internationalen Märkten durchgesetzt hatte, begann man mit der Monetarisierung über Werbung. Sherryl Sandberg, von Google kommend, hat dieses Projekt mit ihrer Erfahrung aus der Suchmaschinenwerbung erfolgreich auf den Weg gebracht und wurde dafür von Facebook mit einem Aktienpaket in Milliardenhöhe fürstlich bedacht. Amerikanische Risikokapitalinvestoren handeln also nach dem Prinzip »alles zur rechten Zeit«.

Die Mittelverwendung aus den Risikokapitalinvestitionen bei Start-ups haben sich in den vergangenen 15 Jahren zudem stark verändert. Waren es früher die hohen Aufwendungen für die technische Infrastruktur mit eigenem Serverpark und teurer Software, ist es heute durch Cloud-Computing-Dienste wie Amazon Web Services und der hohen Anzahl frei verfügbarer Open-Source-Software dramatisch günstiger, ein Start-up an den Markt zu bringen. Trotzdem werden pro Start-up zwei- oder dreistellige Millionenbeträge bei Finanzierungsrunden eingesammelt. Die Mittel gehen dabei primär in die Bereiche Forschung und Entwicklung sowie in den Vertrieb und das Marketing. Ziel ist der schnelle Aufbau einer weltweiten Nutzer- oder noch besser Kundenbasis. Die Marketing und Vertriebsmittel fließen in Werbemaßnahmen (Online wie Offline), aber auch in den Aufbau einer schlagkräftigen Verkaufstruppe.

Die großen Risikokapitalinvestoren wie Andreessen Horowitz & Co. gehen bei ihren Investments deshalb sehr selektiv vor. Sie investieren in der Regel nur in die Nummer eins oder max. in die Nummer zwei eines Segments, Investitionen in Konkurrenten werden zudem ausgeschlossen. Man versucht die Investments zu konzentrieren und größere Beträge zu investieren.

Das Ziel dieser Bemühungen ist die Start-ups zu sogenannten »Einhörnern« (Unicorns) hochzuziehen. Dabei handelt es sich um Unternehmen, die mindestens eine Milliarde Dollar an Bewertung auf die Waage bringen. Nach Erhebungen des *Wall Street Journal* vom Sommer 2016 gibt es insgesamt mehr als 140 Internet-Start-ups, die eine Bewertung von mehr als $1 Mrd. haben. Das *Wall Street Journal* überschreibt die Liste auch treffend als »The Billion-Dollar Start-up Club«.[64]

WhatsApp ist ein Paradebeispiel, bei dem Nutzerwachstum vor Monetarisierung gesetzt wurde. Nach der Übernahme von WhatsApp durch Facebook für insgesamt $22 Mrd. wurden erstmalig Geschäftszahlen von WhatsApp veröffentlicht. Demnach hat WhatsApp im ersten Halbjahr 2014 gerade einmal $15 Mio. Umsatz erzielt. Für Facebook waren die Umsätze zweitrangig. Entscheidend für Facebook war die Tatsache, dass WhatsApp zum Zeitpunkt der Übernahme 450 Millionen aktive Anwender vorzuweisen hat und eine reale Gefahr für Facebook selbst war.[65] Seit der Übernahme hat WhatsApp die Nutzerzahlen auf über eine Milliarde gesteigert.

Beispiele wie WhatsApp treiben Risikokapitalgeber an auf deren Suche nach der nächsten »Ölquelle«.

5.4 Investoren als Indiz für Qualität und Zukunftsfähigkeit eines Start-ups

Über alle Investitionszyklen eines Start-ups hinweg, ob in früherem oder späterem Stadium, sollte man immer auf die aktuelle Investorenbasis schauen. Handelt es sich um renommierte Angel-Investoren wie Ron Conway und Risikokapitalgeber wie Andreessen Horowitz, kann man davon ausgehen, dass die Erfolgswahrscheinlichkeit für einen späteren »Exit« in Form eines Verkaufs oder Börsengangs gegeben ist.

Je besser vernetzt ein Risikokapitalinvestor ist, umso mehr kann ein Start-up von seinen Kontakten profitieren. Marc Andreessen von Andreessen Horowitz sitzt in den Aufsichtsräten von Facebook und Hewlett Packard und kennt beide Welten, die der Großunternehmen und die der Start-ups. Nicht verwunderlich für Insider war, als Mark Zuckerberg für Facebook im Februar 2014 das Virtual-Reality-Start-up Oculus VR für $2 Mrd. gekauft hat. Strippenzieher im Hintergrund war Marc Andreessen, investiert in Oculus VR!

Doch nicht immer müssen die Zutaten vom hippen wachstumsstarken Start-up und prominenten Investoren zu einem finanziellen Erfolg führen. Fab.com, eines der Start-ups, dem noch Anfang 2014 eine Bewertung von über $1 Mrd. von Investoren unterstellt war, wurde im Spätherbst 2014 für gerade einmal $15 Mio. verkauft. Das Unternehmen, welches als das Amazon für schicke Möbel und Interieur galt, hat insgesamt $310 Mio. Risikokapital eingesammelt und nach Angaben des Gründers Jason Goldberg monatlich $14 Mio. verbrannt.[66] Dieses Internet-E-Commerce-Desaster haben so prominente Investoren wie SV Angel mit Ron Conway, Andreessen Horowitz, DoCoMo Capital aus Japan und das führende chinesische Internetunternehmen Tencent finanziert.

Prominente Angel-Investoren und Risikokapitalgeber können mit ihren Ratschlägen und Kontakten für Start-ups sehr wertvoll sein und damit auch für andere Investoren großen Mehrwert schaffen. Andreessen Horowitz geht noch einen Schritt weiter und stellt seinen investierten Start-ups Industriespezialisten zur Seite. Steven Sinovsky, vormals verantwortlich bei Microsoft für Windows 8 und Office, ist mittlerweile Partner bei Andreessen Horowitz und als Berater für box tätig, in das Andreessen Horowitz massiv investiert hat. Damit kann box aus erster Hand von Sinovsky lernen, wie man sich gegenüber Microsoft als einem der Hauptwettbewerber durchsetzen kann.

Ein CEO eines von Andreessen Horowitz finanzierten Start-ups hat mir im Silicon Valley erzählt, dass das Durchleuchten vor einer erfolgreichen Finanzierung so heftig ist, dass man den Eindruck hat, man würde »nackt ans Kreuz« genagelt. Wenn man dieses »Martyrium« überstanden hat, würde einen Andreessen Horowitz aber bedingungslos in allen Phasen unterstützen.

Dass man nicht immer im Silicon Valley sitzen muss, um erfolgreich in Start-ups zu investieren, zeigt der reichste Mann von China, der Hong-kong-Chinese Li Ka Shing. Der 86-jährige Li, der sein Milliardenvermö-gen mit Hafenanlagen, Supermärkten, Telekommunikation und Immobi-lien gemacht hat, investiert über seine Technologie-Investment-Plattform Horizons Ventures in Silicon-Valley-Start-ups. Er hat unter anderem in Facebook, in das Spracherkennungssystem Siri und den Internettelefo-nie-Anbieter Skype erfolgreich investiert. Sein Investmentcredo ist gera-dezu altruistisch. In einem Interview mit dem *Industry Journal* von Sie-mens betonte er, dass das Lernen im Umgang mit Start-ups und deren Technologie wichtiger sei als das Geldverdienen. Li darf man unterstel-len, dass er dies ernst meint. Immerhin wird er aufgrund seines golde-nen Investmenthändchens als der Warren Buffett Asiens bezeichnet und steht mit einem Vermögen von $33 Mrd. auf Platz zwölf der Rangliste der reichsten Menschen der Welt.[67]

5.5 Der »Kauf-Hunger« von Apple, Google, Facebook und Co. auf Start-ups

Die etablierten Technologieunternehmen im Silicon Valley sind die reinsten Gelddruckmaschinen. Der New Yorker Risikokapitalinvestor Shai Goldman hat in einer im Herbst 2014 veröffentlichten Untersuchung unter dem Titel »Die $600-Milliarden-Gelegenheit« festgestellt, dass die 21 größten Technologieunternehmen, angefangen von Apple über Micro-soft bis hin zu Google, über $600 Milliarden kurzfristig verfügbare Mit-tel zur Hand haben. Das Wachstum des Cash-Bestands ist gewaltig. Vier Jahre vorher stellte Shai Goldman lediglich $240 Milliarden für die zehn größten Technologieunternehmen fest. In den Zahlen finden sich dabei noch nicht einmal die längerfristigen Anlagen oder die in Steueroasen (Offshore) gehaltenen Finanzmittel. Apple wird in der folgenden Liste le-diglich mit $37 Mrd. aufgeführt, obwohl es den höchsten Cash-Bestand aller Technologiefirmen mit weit über $100 Mrd. aufweist. Die amerikani-sche Regierung sieht das Akkumulieren von Cash auf steuervergünstigten Offshore-Konten der Tech-Unternehmen positiv, können sich doch so die Unternehmen im Ausland einen Speckgürtel aufbauen, den sie gezielt für

Akquisitionen in Europa und Asien nutzen können. Steuerpolitik wird damit zur Industrie- und Wettbewerbspolitik des 21. Jahrhunderts.

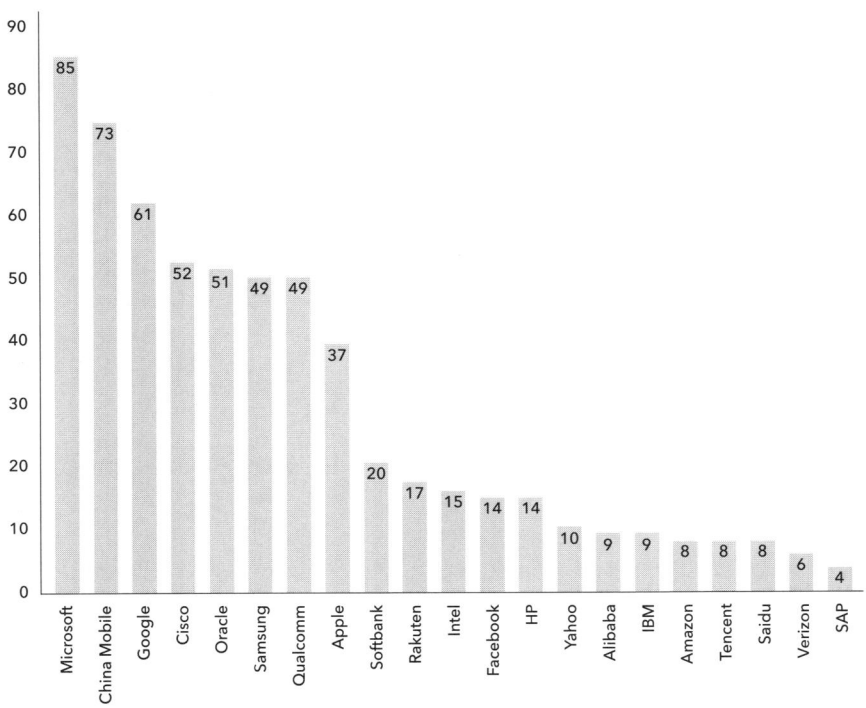

Cash-Bestand der 21 größten Tech-Unternehmen (in Milliarden Dollar)[68]

Tech-Unternehmen wissen vielfach nicht wohin mit dem Geld. Das ruft Investoren wie Carl Icahn auf den Plan, der Apple dazu gebracht hat, eine Dividende und ein großes Aktienrückkaufprogramm auf den Weg zu bringen. Bill Gates betonte als CEO immer, dass Microsoft so viel in der Kasse haben müsse, um einen kompletten Produktzyklus unbeschadet zu überstehen, falls die Kunden nicht bereit wären, das Produkt zu kaufen.

Praktisch alle großen Tech-Unternehmen unterhalten ihre eigenen Risikokapitalgesellschaften. Man spricht in diesem Zusammenhang von sogenannten »Corporate-Venture-Capital-Gesellschaften«. Am profiliertesten unterwegs sind im Silicon Valley aktuell Google, Facebook und Cisco. Apple hält sich grundsätzlich bei größeren Übernahmen zurück und investiert in der Regel in kleine Start-ups. Umso überraschender war in 2014 der Kauf des Musikdienstes Beats, den sich Apple $3 Mrd. Dollar hat kosten lassen. Apple sah in dem Kauf von Beats die strategische Notwendigkeit, im wachstumsstarken Musikstreaminggeschäft ganz vorne mit dabei zu sein. Entsprechend war Apple bereit, eine strategische Prämie für das Unternehmen Beats zu bezahlen. Für Apple waren die $3 Mrd. Peanuts.

Historisch gehören Cisco und Intel mit ihren Risikokapitalgesellschaften zu den aktivsten und erfolgreichsten Anbietern. Insbesondere Cisco verfolgt über die letzten 20 Jahre konsequent den Ansatz aggressiv Start-ups im Segment Software und Netzwerke aufzukaufen und die jeweilige Technologie in den eigenen Verkaufskatalog aufzunehmen. Die Start-ups profitieren davon, dass sie nach der Übernahme durch Cisco auf die komplette Infrastruktur zurückgreifen und ihre Produkte damit allen Cisco-Kunden zur Verfügung stellen können. Cisco spart sich im Gegenzug dazu aufwendige Forschungs- und Entwicklungstätigkeiten und setzt auf Zukäufe. Cisco handelt frei nach dem Motto »Kaufen statt selbst erfinden« und ist damit sehr erfolgreich.

Alphabet mit Google Ventures (www.gv.com) verfolgt einen sehr opportunistischen und konsequenten Ansatz. Allein im dritten Quartal 2014 tätigte Google Ventures 18 Transaktionen. Im Fokus stehen Investments, die das heutige und zukünftige Kerngeschäft von Google befruchten sollen. Investiert wird in die Bereiche Consumer Internet, Mobile, E-Commerce, Big-Data- und Unternehmenssoftware sowie Biowissenschaft und Frühphasenunternehmen. In 2014 hat Google Ventures mit der Übernahme des Rauchmelderherstellers Nest für über $3 Mrd. Furore gemacht. Nest soll zu einem Kernstück des Bereichs Heimautomation ausgebaut werden. Viel Potenzial sieht Google im Bereich Robotik. Allein in den vergangenen 3 Jahren haben Alphabet und die Tocher Google Ventures sich an mehr als einem Dutzend Robotikunternehmen beteiligt bzw. diese gekauft. Da Google seit längerem an selbstfahrenden Autos experimentiert, passen die Akquisitionen von Roboterunternehmen in diese Strategie.

Auch im Bereich der Künstlichen Intelligenz sieht Google großes Potenzial. Mit dem immensen Datenbestand von Google könnten dank Künstlicher Intelligenz die Suchantworten und Ratschläge für Kunden deutlich verbessert werden.

Auch Facebook steht Google in nichts nach und investiert kräftig in Startups. Kennzeichnend ist auch der eher opportunistische Stil bei Facebooks Investitionsentscheidungen, ähnlich wie bei Google. Dies liegt sicher mit daran, dass sowohl Google als auch Facebook inhabergeführt sind. Facebook hat in 2014 allein für WhatsApp und für den Datenbrillenanbieter Oculus VR zusammen $24 Mrd. aufgewendet.

Auch Yahoo ist ein sehr aktiver Investor, gerade auch bei kleineren und mittelgroßen Start-ups. Die Yahoo-Chefin Marissa Mayer wird denn auch ob ihrer Einkaufswut häufig als »Marissa Buyer« bezeichnet.

Die weiterhin hohen und steigenden Cash-Bestände sowie der Konkurrenzdruck der großen Internetunternehmen in den zukünftigen Wachstumsmärkten wie Heimautomation, Internet der Dinge, Wearables, Robotik, künstliche Intelligenz, Big Data und Cloud Computing, um nur einige zu nennen, führt zu weiter steigendem Interesse an Start-ups bei Unternehmen, die diese komplett übernehmen wollen.

5.6 Börsengang – der Königsweg?

War bisher der Börsengang für Unternehmen der ersten Internetwelle wie Amazon, eBay und Yahoo bereits zwei bis drei Jahre nach Gründung der logische Schritt, um sich über die Börse Kapital für weiteres Wachstum zu beschaffen, hat sich dieses Verhalten grundlegend geändert. Verantwortlich dafür sind die in den vergangenen zehn Jahren stark gestiegenen regulatorischen Anforderungen an Unternehmen bei einem Börsengang und in der Folge die aufwendigen Publizitätspflichten als börsennotiertes Unternehmen. Risikokapitalgeber haben den Börsengang immer als Königsweg gesehen, um sich beim IPO von einem Teil oder den gesamten Unternehmensanteilen zu trennen.

In der Zwischenzeit haben sich aber durch die niedrigen Zinsen und den Anlagenotstand weitere Kapitalanbieter wie Fondsgesellschaften, Pensionskassen und Hedgefonds gefunden, die bereit sind bis zu dreistellige Millionenbeträge in aufstrebende Start-ups zu investieren. Die Finanzgemeinde hat erkannt, dass der stärkste Wertzuwachs von Start-ups nicht mehr nach dem Börsengang, sondern in den Jahren vor dem IPO stattfindet. Entsprechend können sich wachstumsstarke Technologieunternehmen in attraktiven Märkten ihre Investoren nach Belieben aussuchen.

Zu den teuersten privaten Start-ups zählt im Moment der Fahrdienst Uber, dessen Bewertungen sich nahezu täglich nach oben verändern. Im Sommer 2016 wird Uber nach einem Bericht der Nachrichtenagentur Bloomberg mit mehr als $60 Mrd. bewertet. Zum Vergleich: Im Juni 2014 wurde Uber in einer Finanzierungsrunde ein Unternehmenswert von $18 Mrd. zugesprochen. Damit hat sich die Bewertung von Uber in zwei Jahren mehr als verdreifacht. Neben Uber zählen der Speicherdienst Dropbox und der Zimmervermittler Airbnb zu den höchstbewerteten nicht börsennotierten Start-ups mit einem Unternehmenswert von über $10 Mrd.

Das soziale Netzwerk Facebook und der Kurznachrichtendienst Twitter haben es erfolgreich vorgemacht und den IPO auf später verlegt, um so in Ruhe ohne Börsendruck zu wachsen und schlussendlich auch die Bewertung nach oben zu treiben.

Die Bewertungen auf dem Privatmarkt werden aber nur von wenigen Finanzinvestoren getrieben. Der Markt ist dabei sehr eng und die hohen Bewertungen bergen auch eine hohe Gefahr eines schnellen Absturzes. Die Fotonachrichten-App »Snapchat«, bei der sich die versendeten Bilder nach dem Ansehen sofort löschen, wurde 2011 von Stanford-Studenten entwickelt und fünf Jahre später wird deren gleichnamige Firma bereits mit $16 Mrd. Unternehmenswert gehandelt. Alphabet, Facebook und Yahoo wird Interesse an dem Start-up nachgesagt, was den Unternehmenswert nach oben treibt.

Obwohl Alphabet, Apple und Facebook über enorm hohe Barkapitalbestände im Milliardenbereich verfügen, sind Start-up-Käufe mit Milliardenbewertungen eine Herausforderung und wollen wohlüberlegt sein.

Finanztechnisch kauft man sich hier sehr viel Goodwill, also viel heiße Luft ein, die man bilanztechnisch nur schwer oder gar nicht verarbeiten kann. Doch es gibt viele Beispiele, in denen sich die Übernahmen im Nachhinein als regelrechte Schnäppchen erwiesen. Der Kauf der Videoseite YouTube durch Google im Jahr 2006 für damals stolze $1,6 Mrd. erweist sich geradezu als Schnäppchen, wenn man sich die Einnahmenentwicklung von YouTube anschaut. Analysten des Analysehauses Jeffries zufolge hat YouTube 2015 Umsätze in Höhe von $7 Mrd. und in wenigen Jahren sollen es bereits $30 Mrd. werden. Zum Vergleich und in Relation: Google erzielte in 2013 einen Gesamtumsatz von $33,9 Mrd. abzüglich der Kommissionen für Werbepartner.

Das Wirtschaftsprüfungsunternehmen Pricewaterhouse Coopers (PwC) stellt in seinem aktuellen IPO-Bericht über Technologieunternehmen für das erste Quartal 2016 fest, dass in den USA kein Technologie-IPO den Sprung aufs Parkett gewagt bzw. geschafft hat. Nicht einmal auf dem Höhepunkt der Finanzkrise 2009/2010 wurde eine ähnliche Marktzurückhaltung an den Tag gelegt. Neben den volatilen Börsen sind insbesondere deutlich auseinandergehende Bewertungsfragen der Start-ups auf dem Privatmarkt und den Kapitalanlegern an den Börsen hauptverantwortlich für die IPO-Ebbe.

Voraussetzung für eine Aufhellung des IPO-Markts und eine gesteigerte Nachfrage auf Investorenseite sind Neuemissionen von Unternehmen mit wachstumsstarken Geschäftsmodellen die nachhaltige positive Geschäftszahlen liefern können. Insbesondere Unternehmen aus den Segmenten wie Cloud-Computing, Cyber-Security und Big-Data dürften in absehbarer Zeit am Markt angeboten werden.

6. Silicon-Valley-Newsquellen und unersetzliche Werkzeuge

6.1 Wired

Das Magazin *Wired* und die dazugehörige Website wired.com sind die Stilikonen des Digitalzeitalters. *Wired* wird gemeinhin als das »Rolling Stones-Magazin für Technologie« bezeichnet. *Wired* ist nicht nur ein Magazin, *Wired* hat mit seiner inhaltlichen Berichterstattung und seiner grafischen Aufmachung den Standard für Geschichten, Personen, Technologien und Start-ups der Digitalwelt geschaffen. *Wired* gehört heute zum Medienkonzern Condé Nast. Die Originalausgabe wird in San Francisco publiziert, in der Zwischenzeit gibt es *Wired*-Ableger in Großbritannien, Italien und seit Herbst 2014 auch in Deutschland. Louis Rossetto und seine Partnerin Jane Metcalfe hatten die Idee dazu bereits 1988 und erstellten eine Demozeitschrift unter dem Titel *Electric Word* mithilfe eines Apple-Macintosh-Computers und einem einfachen Desktop-Publishing-Programm. *Electric Word* war ein inhaltliches Sammelsurium verrückter Zukunftsideen und Geräte (Gadgets) sowie ein Ort für freiheitsliebende Technologieinteressierte, heute auch Nerds genannt.

Rossetto und Metcalfe taten sich mit der Gründung von *Wired* sehr schwer, ihr Businessplan fand wenig Anklang unter Investoren, sie holten sich einen Korb nach dem anderen. Doch davon ließen sich die beiden nicht abhalten. Kurzentschlossen arbeiteten sie quasi in Eigenregie Ende 1992 an einer Nullnummer von *Wired*. Doch die Geldmittel drohten zur Neige zu gehen. Sie benötigten dringend einen Investor, der ihre Idee verstehen und finanzieren würde. In Nicolas Negroponte, dem Gründer des MediaLabs, dem ersten weltweiten Multimedialabor am berühmten Massachusetts Institute of Technology, fanden sie ihn. Negroponte, der Vordenker in Sachen Multimedia und Digitalisierung, schaute sich die Nullnummer von *Wired* an, erkannte das Potenzial und fragte die beiden: »Wie viel Geld benötigt ihr?« Anlässlich der Eröffnung der »MacWorld« im Januar 1993 wurde die Erstausgabe von *Wired* vorgestellt und war ein Riesenerfolg. Sowohl vom grafischen Layout als auch von den Inhalten wurde *Wired* über die letzten 20 Jahre seines Bestehens zu einem Seismografen neuer Entwicklungen aus dem Silicon Valley. Das Magazin prägte neue Begriffe wie »Open Source« oder »Crowdsourcing« und machte sie zu allgemein gebräuchlichen Vokabeln.[70]

Für den technologieinteressierten Leser bieten sich verschiedene Möglichkeiten. Wer es gern amerikanisch pur mag, dem sei ein Abonnement der amerikanischen Ausgabe von *Wired* empfohlen. Das monatliche Abo kostet aktuell $70 inklusive der elektronischen Ausgabe für Tablets. Das Jahresabo für Tablets ist bereits für $19 zu bekommen. Viele der Heftberichte finden sich auch direkt auf wired.com. Seit Herbst 2014 gibt es die *Wired Deutschland* mit eigenständigen deutschen Inhalten und ansprechender grafischer Gestaltung. *Wired Deutschland* erscheint monatlich zum Heftpreis von €6,80.

6.2   TechCrunch

Techcrunch.com ist das Newsportal schlechthin für brandaktuelle Neuigkeiten aus der Technologiewelt. Der Anspruch von TechCrunch ist, eine Story exklusiv und als Erster zu bekommen. Für viele Start-ups ist es der Ritterschlag auf TechCrunch zu erscheinen und damit in den Blickwinkel der weltweiten Start-up-Community zu kommen. Die resultierende Werbewirkung durch TechCrunch ist unbezahlbar. Für viele Start-ups war die Nennung auf TechCrunch wie eine Raketenzündung zum Durchstarten.

TechCrunch wurde von Michael Arrington 2005 gegründet und berichtet über börsennotierte Technologieunternehmen hauptsächlich aus dem Nasdaq und über Start-ups sowie Unternehmen, die auf dem Weg an die Börse sind. Häufig wird auf TechCrunch in den Berichten heftig getrommelt und von manchem Start-up auch dicker aufgetragen, als die tatsächlich vorhandene Substanz erlaubt. Manche Meldung ist stark boulevardesk angehaucht, ein gesunder Abstand zu den Inhalten verbunden mit einer seriösen Filterung ist deshalb gut.

TechCrunch ist auch Ausrichter der vielbeachteten Konferenzen Tech-Crunch Disrupt, die regelmäßig in San Francisco, New York, Bejing sowie London und Berlin stattfinden. Interessante Start-ups haben dabei die Möglichkeit, vor Risikokapitalgebern, Investoren und Medienvertretern ihr Start-up zu präsentieren. Die besten Start-ups werden von einer Jury prämiert. Haupteinnahmequellen von TechCrunch sind der Verkauf von Online-Werbung sowie der Ticketverkauf für die Konferenzen.

Im Jahr 2010 wurde TechCrunch für geschätzt $20 bis $40 Mio. an America Online verkauft. AOL wollte mit dieser Akquisition seine Marktposition als einer der führenden Nachrichtenanbieter für digitale Inhalte im Bereich Hochtechnologie ausbauen.

6.3   Re/code

Re/code ist ein unabhängiges Nachrichtenportal für Technologienews mit einem starken Fokus auf Hintergrundberichterstattung und Analyse. Es unterscheidet sich damit inhaltlich von TechCrunch, dort steht die schnelle und exklusive Meldung im Fokus.

Re/code gibt es seit Anfang 2014 und ist vordergründig ein junges Start-up. Die Gründer und deren Hintergrund haben es aber in sich: Walt Mossberg und Kara Swisher haben die legendäre Technologiekonferenz »All Things Digital« und die damit verbundene Website ins Leben gerufen, bekannt für hochkarätige Talkrunden mit den IT-Größen. Beiden gelang im Jahre 2007 das Novum Bill Gates und Steve Jobs für einen Talk zusammenzubringen. Nachdem der Vertrag mit dem *Wall Street Journal* Ende 2013 aufgelöst wurde, entschieden sich Mossberg und Swisher für die Gründung von Re/code.

Walt Mossberg ist der Technologiejournalist weltweit schlechthin. Legendär ist seine über 20 Jahre währende wöchentliche Kolumne unter dem Titel »Personal Technology«, in der er ohne Rücksicht auf einzelne Befindlichkeiten oder IT-Größen über neue Produkte und Lösungen in den Bereichen Internet, Computer und Telekommunikation berichtete. Seine Urteile können und konnten Aktienkurse bewegen, in die eine wie in die andere Richtung. Das *Wall Street Journal* selbst bezeichnete Walt Mossberg als den Königsmacher. Bekannt ist, dass Steve Jobs vor Produktankündigungen wie dem iPod, iPhone und iPad regelmäßig das Gespräch mit Walt Mossberg gesucht hat. Jobs lud Mossberg dann zu ausgedehnten Spaziergängen ein, in denen er mit Mossberg über die neuen Produkte sprach. Jobs wusste um die Bedeutung und die Strahlkraft von Mossberg: Wenn Mossberg seinen Daumen hob und ein Produkt positiv sah, so war dies ein unschätzbarer Verkaufsmultiplikator.

An Re/code ist auch der Fernsehsender NBC und das Medienunternehmen Windsor Media beteiligt. Die Webseiten und TV-Sender von NBC, CNBC und MSNBC beziehen von Re/code ihre Inhalte aus dem Hochtechnologiebereich mit Schwerpunkt Silicon Valley.

Vorstände von Silicon-Valley-Firmen nutzen Re/code häufig für die Ankündigung neuer Produkte, Akquisitionen oder neuer Strategien.

6.4 Fast Company

Fast Company ist ein zehnmal jährlich erscheinendes Wirtschaftsmagazin mit Berichterstattung in den Sektoren Technologie, Wirtschaft und Design. Gegründet wurde das Magazin 1995 von Alan Webber und Bill Tayler, zwei früheren Harvard-Business-Review-Herausgebern, und dem Verleger Mortimer Zuckerman. Webber und Tayler erkannten frühzeitig die Auswirkungen der Globalisierung und der explosionsartig steigenden Digitalisierung und damit der Veränderung der Wirtschaft. Sie sahen deshalb die Notwendigkeit für ein komplett neuartiges Wirtschaftsmagazin. Der Titel »*Fast Company*« also »schnelle Firma«, beinhaltet die hohe Geschwindigkeit und den Veränderungswillen, geprägt durch die Start-up-Welt und die zunehmende Technologisierung der Wirtschaft.

Ähnlich wie die *Wired*-Gründer taten sich Webber und Tayler schwer Investoren von ihrem revolutionären Magazinkonzept zu überzeugen. Schließlich gelang es ihnen im Jahr 1993 $500 000 von Business Angels einzusammeln und einen Prototyp zu entwickeln. Es dauerte dann fast zwei Jahre um einen Investor ins Boot zu bekommen, der bereit war, $10 Mio. zum Start von *Fast Company* zu investieren.[71]

Fast Company hat seinen Sitz ebenso wie *Wired* in San Francisco. Das Magazin ist mit seinem Profil stärker als Wirtschaftsmagazin im Hochtechnologiebereich ausgerichtet und profiliert sich damit gegenüber *Wired*. Kurz gesagt: *Wired* ist optimal für Technologienerds, die auch an verrückten Themen und Geräten Interesse haben. *Fast Company* richtet sich mehr an Leser, die stärker an wirtschaftlichen Themen und Hintergrundgeschichten der Digitalindustrie im Valley interessiert sind.

Auch *Fast Company* hat eine bewegte Geschichte hinter sich. Zum Höhepunkt der »Dotcom-Blase« im Jahr 2000 wechselte das Magazin seinen Besitzer. Die deutsche Verlagsgruppe Gruner&Jahr kaufte das Unternehmen für $350 Mio. dem Gründer und Verleger Zuckerman ab. Anschließend kam *Fast Company* aufgrund des Anzeigenschwunds und der Dotcom-Krise in schwere See. G&J verkaufte *Fast Company* dann im Jahr 2005 für lediglich $35 Mio. an eine Private-Equity-Gesellschaft.

Die Website fastcompany.com bietet vier Bereiche:

Co.Design bietet täglich aktuelle Untersuchungen zu dem Zusammenspiel von Wirtschaft und Design, angefangen von Architektur über Elektronik- und Consumer-Produkten bis hin zu Mode.

Co.Exist bietet täglich aktuelle Berichte zu revolutionären neuen Ideen und Innovationen in den Bereichen Verkehr, Energie, Unterricht, Ernährung und Gesundheit.

Co.Create bietet täglich aktuelle Inspirationen aus dem Kreativsektor. Hier wird ein Blick hinter die Kulissen in die Kreativprozesse in den Bereichen Branding, Unterhaltung und Technologie gewagt.

Co.Labs gibt einen Einblick in die Arbeitsweise führender technologischer Köpfe und deren Methoden, Konzepte und Philosophien.

6.5 Silicon Valley Business Journal

Das *Silicon Valley Business Journal* ist ein wöchentliches Wirtschaftsmagazin. Der Internetauftritt unter http://www.bizjournals.com/sanjose/ und der Newsletter-Service sind sehr zu empfehlen. Um einen guten Überblick über das Tagesgeschehen im Valley zu haben, führt an dem täglichen Silicon-Valley-Newsletter kein Weg vorbei. Neben der täglichen Zusammenfassung der wichtigsten und relevanten Meldungen im Valley sind die ausführlichen Interviews mit Venture Capitalists, Inkubatoren oder Firmenchefs von Startups eine Fundgrube für neue Unternehmens- und Investmentstrategien.

Wer den täglichen Business-Journal-Newsletter abonniert, erhält eine tägliche Silicon-Valley-Zeitung per E-Mail, mit der man viel Zeit bei der Recherche und Bewertung von Inhalten sparen kann. Angenehm sind die sachliche Berichterstattung und auch die kritischen Hinterfragungen z.B. zu Bewertungen von Start-ups.

Ein Teil der Inhalte ist nur für Abonnenten zugänglich. Aktuell kostet das Jahresabo des *Silicon Valley Business Journals* $89. Der Leser erhält dafür sowohl die Print- als auch die elektronische Ausgabe sowie den Zugang auf der Webseite zu weitergehenden Informationen.

6.6 San Jose Mercury News

Die führende Tageszeitung des Silicon Valley ist die *San Jose Mercury News* (www.mercurynews.com). Sie hat eine mehr als 150-jährige Geschichte, wurde 1851 gegründet und hat ihren Sitz in San Jose. »Mercury« (engl. Quecksilber) geht auf die hohe Bedeutung des Quecksilbers während des Goldrauschs in Kalifornien im 19. Jahrhundert zurück. San Jose beheimatete zu der Zeit mit den Almaden-Minen die größte Quecksilberproduktion in Nordamerika.

Die *San Jose Mercury News* liefert zudem die Inhalte für weitere rund 15 Regional- bzw. Lokalzeitungen im Silicon Valley. Die Zeitung hat eine stattliche Tagesauflage von 500 000 bis 600 000 Exemplaren und erscheint an sieben Tagen in der Woche.

Da die Zeitung mitten im Silicon Valley liegt und damit unmittelbaren Zugang zu den aktuellsten Geschichten des Hightech-Tals hat, lohnt sich ein regelmäßiger Blick auf die speziellen Silicon-Valley-Formate der *Mercury News*.

Auf siliconvalley.com finden sich aktuelle Nachrichten, Analysen und Kolumnen zu den Unternehmen und Personen im Valley. Dabei gibt es ein spezielles Kapitel »Unternehmen«, in dem die großen Valley-Unternehmen wie Apple, Google, Facebook, Cisco, eBay, Intel und HP ihre festen Rubriken haben. Das Angebot wird abgerundet durch »SiliconBeat«, den Technologie Blog, sowie den Newsletter »Good Morning Silicon Valley«.

6.7 Mattermark

Start-ups zu erkennen, bevor sie auf dem Radar der Öffentlichkeit oder bereits durch erste Finanzierungsrunden kein Schnäppchen mehr sind, das ist der Unternehmenszweck von Mattermark (mattermark.com). Gegründet wurde das Unternehmen 2013 als eine Datenplattform für Risikokapitalgeber. Mattermark führt Daten unterschiedlicher Angebote wie Twitter, Nachrichtenseiten, LinkedIn, AngelList, CrunchBase und Dokumente der amerikanischen Börsenaufsicht SEC über einzelne Start-ups zusammen und bildet daraus einen eigenen Start-up-Index, der für Investoren ein Barometer für die Attraktivität und Lukrativität von Start-ups sein soll.

Wenig bescheiden sieht die Gründerin von Mattermark, Danielle Morill, in Mattermark eine Art Bloomberg Terminal für Risikokapitalgeber. Danielle Morill hat schon alle Höhen und Tiefen mit eigenen Start-ups erlebt. Mit ihrem letzten Start-up Referly durchlief sie den Brutkasten Y Combinator und erhielt eine Erstfinanzierung von Andreessen Horowitz. Referly war eine Art Empfehlungsseite für Produkte, das Start-up skalierte aber nicht richtig, von $1 Mio. Venture Capital waren noch $350 000 übrig. Morill nahm sich eine Auszeit und bekam von Paul Graham, dem Y Combinator-Gründer, den Rat doch etwas komplett Neues zu machen, etwas, das TechCrunch »killen« würde. Sie nahmen sich BuzzFeed zum

Vorbild. BuzzFeed scannt das Internet und die Sozialen Netzwerke nach Inhalten und Themen, die von der Internetgemeinde als die wichtigsten angesehen werden, und aggregiert diese. Nicht mehr ein Redakteur entscheidet, was wichtig ist, sondern die Crowd gibt die Signale für wichtig und unwichtig. Morill und ihr Mann sowie ein weiterer Kollege adaptierten diese Technik für den Bereich Technologie und Start-ups. Sie entwickelten aus ihren bestehenden Datensätzen zu Start-ups eine eigene Unternehmensdatenbank über Start-ups. In das Unternehmen Mattermark flossen in mehreren Finanzierungsrunden von prominenten Risikokapitalgebern wie Andreessen Horowitz und der Foundry Group bereits $10 Mio.

Für Investoren, die in Start-ups in der Frühphase investieren wollen, liefert Mattermark mit seinen Metriken interessante Trends und Signale. Mittels interaktiver Suchabfragen kann man den Start-ups folgen und sie mittels umfangreicher Filtermöglichkeiten gruppieren. Über den Mattermark Score kann man die Firmen miteinander vergleichen und die Wachstumsstärksten ermitteln.

Das kostenpflichtige Angebot mit einem monatlichen Abopreis von aktuell $399 richtet sich an den professionellen Investor und Risikokapitalunternehmer. Für alle anderen bietet der kostenlose tägliche Mattermark-Newsletter eine sehr gute Zusammenfassung der aktuellen Gedanken und Blogbeiträge der führenden Risikokapitalgeber, Business Angels und Unternehmer im Silicon Valley. Er ist ein tägliches »Must-have« um die aktuellen Stimmungen und Meinungen im Silicon Valley einfangen zu können.

6.8   CB Insights

Während man in den 1990er-Jahren noch die Risikokapitalgeber direkt anrufen musste, um Datenerhebungen zu Transaktionen und deren Höhe durchführen zu können, wird dies heute durch das Anzapfen von sozialen Medien wie Blogs, Twitter, Facebook und LinkedIn erledigt. CB Insights (cbinsights.com) sieht sich als der führende Anbieter mit der qualitativ besten Echtzeitdatenbank mit Informationen über die Risikokapitalindustrie.

Hierzu hat CB Insights spezielle Algorithmen auf Basis künstlicher Intelligenz entwickelt, die das Herausfiltern von Unternehmensinformationen der Risikokapitalindustrie in Echtzeit und in hoher Qualität ermöglichen. 90% dieser Informationen werden automatisch über die Schnittstellen mit der künstlichen Intelligenz erzeugt. Hierzu werden jeden Tag mehr als 130 000 Quellen auf Informationen zu Finanzierungen und Transaktionen (Exits) durchsucht.

CB Insights gelingt es, über seine Algorithmen insbesondere die wertvollen Informationen über Umsätze und Bewertungen der Start-ups herauszufiltern. Diese beiden Größen sind für potenzielle Investoren und Außenstehende (z.B. Medienberichterstatter) von großem Interesse, halten sich doch die Start-ups selbst in der Regel mit Aussagen zu Umsätzen und Bewertungen zurück, um nicht mit der Wertpapieraufsichtsbehörde in Konflikt zu geraten.

Neben der hohen Datenqualität und der großen Menge an Firmeninformationen über die Start-ups und die Risikokapitalgeber überzeugt CB Insights durch eine qualitativ hochwertige Benutzeroberfläche, die stark an die Benutzung von sozialen Netzwerken wie Facebook und Twitter erinnert. CB Insights verfügt über einen sehr guten kostenfreien Newsletter, über den man regelmäßig aktuelle Analysen bis hin zu kompletten Ausarbeitungen zu einer bestimmten Branche erhält. CB Insights wird häufig in Medien wie der *New York Times*, TechCrunch oder Bloomberg zitiert und hat einen entsprechend hohen Bekanntheitsgrad.

CB Insights wendet sich hauptsächlich an Kunden aus den Branchen Risikokapital, Investmentbanking, Vermögensverwalter, Management Consultants sowie firmeneigene Fusionsspezialisten (M&A-Spezialisten).

6.9 CrunchBase

CrunchBase bezeichnet sich als die kostenfreie Datenbank für Technologiefirmen und Start-ups. CrunchBase ist die Unternehmensdatenbank von TechCrunch. Mike Arrington, der Gründer von TechCrunch, hatte eine Unternehmensdatenbank im Sinn, die einen strukturierten Zugriff auf die Firmen ermöglichen sollte, über die regelmäßig auf TechCrunch berichtet wird. Die Herausforderung war dabei eine Struktur für die Firmen- und Personendaten zu erstellen. Man entschied sich deshalb für eine Wiki-artige Darstellung. Sie ermöglicht einen hohen Freiheitsgrad für die Strukturierung der Daten bei gleichzeitig komfortabler Möglichkeit der Vernetzung der einzelnen Datensätze.

Im Jahr 2010 wurde TechCrunch von dem Internetkonzern AOL übernommen. Arrington gab den AOL-Verantwortlichen bei der Übernahme von TechCrunch mit auf den Weg, dass CrunchBase der eigentlich wertvolle Teil an der Übernahme von TechCrunch ist.

In der Zwischenzeit nutzen Aggregationsplattformen wie Mattermark und auch der Notizsoftwarehersteller Evernote die Daten von Crunch-Base. Hierzu bietet CrunchBase eine einfache und komfortable Programmierschnittstelle (API), die das Einbinden und den Abruf von Informationen zu Start-ups ermöglicht. Die »CrunchBase Open Data Map« ist eine kostenlose Datenschnittstelle. Diese beinhaltet Informationen zum CrunchBase Profilnamen, der Kurzbeschreibung, dem Logo und dem Ort sowie den Verknüpfungen zu Twitter, Facebook und LinkedIn des jeweiligen Start-ups. Nach Aussage von Arrington soll CrunchBase kostenfrei bleiben, da die Daten im Wesentlichen von den Mitgliedern der Community selbst eingestellt und gepflegt werden.

DANKSAGUNG

Für das Entstehen des Buches *Silicon Valley Investing* danke ich allen mitwirkenden Personen, insbesondere den nachfolgend genannten:

Andreas Bechtolsheim, der spontan von der Idee und dem Skript dieses Buches überzeugt war und durch sein Vorwort sowie bei der inhaltlich korrekten Darstellung zu den handelnden Personen im Silicon Valley wichtige Impulse geliefert hat, die das Buch für den Leser noch wertvoller machen.

Georg Hodolitsch, Programmleiter des FinanzBuch Verlags, der mutig die Entscheidung getroffen hat, das Buch umzusetzen.

Dem Finanzbuch Verlag, für die Aufnahme in sein Verlagsprogramm.

Dr. Frank-B. Werner, Geschäftsführer/Herausgeber Finanzen Verlag GmbH, den ich seit über einem Jahrzehnt kenne und schätze und der den Kontakt zum Finanzbuch Verlag hergestellt hat.

Sven Weber, President Sharespost 100 Fund & SP Investments Management, für die wertvollen Hinweise zu vorbörslichen Unternehmen, die Zurverfügungstellung von Studienmaterialen und für seine Kurzrezension zum Buch.

Philip Laucks, Bereichsvorstand Direktbank der Deutschen Postbank, mit dem ich mich über disruptive Internetthemen und Geschäftsmodelle von Start-ups mehrfach ausgetauscht habe, für seine Kurzrezension zum Buch.

Hugo Hoppmann, Designer und Art Director, für die Gestaltung und Umsetzung des Buch-Layouts (www.hugohoppmann.com).

Dr. Bartzke (Rottweil) und Herrn Kreitmeir (Lindau), für die Kontaktherstellung zu Andreas Bechtolsheim, dem deutschen Hauptakteur im Silicon Valley!

Ganz besonderer Dank gilt meiner Ehefrau Andrea Staiger, ohne ihre bedingungslose Unterstützung wäre dieses Buch nicht entstanden. Sie hat mir nicht nur den Rücken freigehalten, damit ich die notwendige Zeit für die Recherche und das Schreiben des Buches hatte, sondern stand mir auch mit Rat und Tat beim Redigieren der Inhalte zur Seite.

Über den Autor

Thomas Rappold, geboren 1971. Internetunternehmer und Investor. Bereits mit 14 Jahren erlernte er die ersten Programmiersprachen im Selbststudium auf dem damaligen Kultcomputer Commodore C64. Als einer der ersten Absolventen des europaweit ersten Studiengangs Medieninformatik trug er als Mitarbeiter der Strategiegruppe Internet bei Allianz SE maßgeblich zum Erfolg der damals bahnbrechenden neuen Finanzportalen für Privat- und Geschäftskunden bei.

Seit mehr als zehn Jahren ist er erfolgreicher Unternehmer einer Internet-Beratungs- und Beteiligungsgesellschaft und Gründer von zahlreichen Internet-Start-ups. Thomas Rappold ist profunder Kenner des Silicon Valley und dort als Investor an verschiedenen Start-ups beteiligt. Mehr über Thomas Rappold und das Silicon Valley finden Sie unter www.silicon-valley.de.

LITERATURVERZEICHNIS

1   Piscione, Deborah Perry: Secrets of Silicon Valley. What Everyone else can learn from the Innovation Capital of the World, Palgrave Macmillian, New York 2013.

2   Berlin, Leslie: The man behind the microchip. Robert Noyce and the invention of Silicon Valley, Oxford University Press, New York 2005.

3   Andreessen, Marc: Why Software is Eating the World, WallStreet Journal, 20.08.2011, http://online.wsj.com/news/articles/SB10001424 0531119034809045765122509156 29460

4   Ferenstein, Gregory: Thiel Fellows Program Is »Most Misdirected Piece Of Philanthropy,« Says Larry Summers, TechCrunch, 10.10.2013, http://techcrunch.com/2013/10/10/thiel-fellows-program-is-most-misdirected-piece-of-philanthropy-says-larry-summers/

5   Graham, Paul: Hackers & Painters. Big Ideas from the Computer Age, O'Reilly Media Inc., Sebastopol 2010.

6   Carlson, Nicholas: The Real History of Twitter, Business Insider, 13.04.2011, http://www.businessinsider.com/how-twitter-was-founded-2011-4?page=3

7   Wolfe, Alexandra: Weekend Confidential. Biz Stone, The Wall Street Journal, 29./30.03.2014.

8   O'Brien, Jeffrey M: Meet the PayPal Mafia. An inside look at the hyperintelligent, superconnected pack of serial entrepreneurs who left the payment service and are turning Silicon Valley upside down, Fortune Magazine, 26.11.2007 http://archive.fortune.com/2007/11/13/magazines/fortune/paypal_ mafia.fortune/index.htm

9   LeBeau, Philip: Elon Musk Tesla Stock is »kind of high« now, CNBC, 05.09.2014, http://www.cnbc.com/id/101974649

10 Stanford University Online: Kapitel Geschichte der Universität Stanford, http://www.stanford.edu/about/history/

11 Sandstone & Tile: Stanford Historical Society, Ausgabe 19, Frühjahr 1995, http://historicalsociety.stanford.edu/pdfST/ST19no1_2.pdf

12 Stanford University Online: The Rise of Silicon Valley, http://www. stanford.edu/about/history/history_ch3.html

13 Piscione, Deborah Perry: Secrets of Silicon Valley. What Everyone else can learn from the Innovation Capital of the World, Palgrave Macmillian, New York 2013.

14 Gallagher, Billy: Stanford University is going to invest in student startups like a vc firm, TechCrunch, 04.09.2013, http://techcrunch. com/2013/09/04/stanford-university-is-going-to-invest-in-studentstartups-like-a-vc-firm/

15 Vance, Ashlee: Silicon Valley Geek. The Inside Guide To Palo Alto, Stanford, Menlo Park, Mountain View, Santa Clara, Sunnyvale, San Jose, San Francisco, The Globe Pequot Press, Guilford 2007.

16 Stanford University Online: Zahlen, Daten, Fakten zur Stanford University, http://facts.stanford.edu

17 Engelbart, Douglas C.: The Demo, Fall Joint Computer Conference, San Francisco 09.12.1968, web.stanford.edu/dept/SUL/library/extra4/ sloan/MouseSite/1968Demo.html

18   Bosker, Bianca: SIRI RISING. The Inside Story of Siri's Origins – and why she could overshadow the iPhone, huffingtonpost.com, 22.01.2013, http://www.huffingtonpost.com/2013/01/22/siri-do-engine-apple-iphone_n_2499165.html

19   Anderson, Mark: Intel-GE Care Innovations to host medical hackathon at Stanford, Sacramento Business Journal, 11.09.2014, http:// www.bizjournals.com/sacramento/news/2014/09/11/intel-ge-care-innovations-to-host-medical.html

20   Stanford University Online: Stanford Incubator StartX, http://startx.stanford.edu/accelerator

21   Packard, Dave: Die Hewlett Packard Story. Wie Bill Hewlett und ich unser Unternehmen aufbauten, Heyne Business Verlag, München 1995.

22   The Richest 2012: Vermögensübersicht des Apple-Mitgründers Mike Markkula, http://www.therichest.com/celebnetworth/celebrity-business/entrepreneurs/mike-markkula-net-worth

23   Berlin, Leslie: The man behind the microchip. Robert Noyce and the invention of Silicon Valley, Oxford University Press, New York 2005.

24   Rock, Arthur: Done Deals. Venture Capitalists tell their story featured HBS Arthur Rock, Harvard Business School, 04.12.2000, http:// hbswk.hbs.edu/archive/1821.html

25   Stanford University Online: Silicon Genesis. An oral history of semiconductor technology, 2002, http:// silicongenesis.stanford.edu/transcripts/rock.htm

26   The Richest 2012: Vermögensübersicht des Apple-Mitgründers Mike Markkula, http://www.therichest.com/celebnetworth/celebrity-business/entrepreneurs/mike-markkula-net-worth

27   Carr, Austin: The $3,2 Billion Man. Can Google's newest Star outsmart Apple?, Fast Company, Oktober 2014.

28   Craig, Addison: Blank, Julius oral history, Catalog Number 102658264, Computer History Museum, Mountain View 25.01.2008, http://www.computerhistory.org/collections/catalog/102658264

29   Stanford University Online: Silicon Genesis. An oral history of semiconductor technology, 2002, http:// silicongenesis.stanford.edu/transcripts/rock.htm

30   Rock, Arthur: Done Deals. Venture Capitalists tell their story featured HBS Arthur Rock, Harvard Business School, 04.12.2000, http:// hbswk.hbs.edu/archive/1821.html

31   O'Brien, Jeffrey M: Meet the PayPal Mafia. An inside look at the hyperintelligent, superconnected pack of serial entrepreneurs who left the payment service and are turning Silicon Valley upside down, Fortune Magazine, 26.11.2007, http://archive.fortune.com/2007/11/13/magazines/fortune/paypal_ mafia.fortune/index.htm

32   PayPal Online: Presseveröffentlichungen, https://www.paypal-media.com/history

33   Forrest, Connor: How the »PayPal Mafia« redefined success in Silicon Valley, TechRepublic, 2014, http://www.techrepublic.com/article/ how-the-paypal-mafia-redefined-success-in-silicon-valley/

34   Hillenbrand, Tom: »Eier aus Stahl« Paypal, Tesla, SpaceX. Elon Musk gilt als größtes Genie seit Steve Jobs, BusinessPunk, Nr. 2 2011.

35   Buhayar, Noah: Munger Hosts Groupies, Mocks Wall Street, Praises Buffett, Bloomberg News, 11.09.2014, http://www.bloomberg.com/ news/2014-09-11/munger-hosts-groupies-mocks-wall-street-praisesbuffett.html

36   Rosoff, Matt: Where are they now? The PayPal »Mafia« is more powerful than ever, Business Insider, 12.11.2011, http://www.businessinsider.com/the-paypal-mafia-is-even-more-powerful-2011-11?op=1

37   Forrest, Connor: How the »PayPal Mafia« redefined success in Silicon Valley, TechRepublic, 2014, http://www.techrepublic.com/article/ how-the-paypal-mafia-redefined-success-in-silicon-valley/

38   Chang, Emily: LinkedIn's Reid Hoffman Why I Call Elon Musk, Bloomberg News, 30.06.2014, http:// www.bloomberg.com/video/ linkedin-s-reid-hoffman-why-i-call-elon-musk-RF3S2H~OQn6ErmuRcKBcqg.html

39   Helft, Miguel: Ron Conway is a Silicon Valley startup's best friend, Fortune, 10.02.2012, http://fortune. com/2012/02/10/ron-conway-isa-silicon-valley-startups-best-friend/

40   The Richest 2014: Vermögensübersicht Ron Conway, http://www. therichest.com/celebnetworth/celebrity-business/entrepreneurs/mike-markkula-net-worth/

41   Yarow, Jay: Ron Conway – The Scariest Man in Silicon Valley, Business Insider, 12.05.2011, http://www. businessinsider.com/ron-conway-2011-5

42   Maier, Astrid: Silicon Valley Start-ups und Milliarden – Wie die Geldmaschine funktioniert, Manager Magazin, 28.10.2013.

43   Schubarth, Cromwell: Paul Graham Y Combinator nearly didn't happen, Silicon Valley Business Journal, 25.02.2014, http://www.bizjournals.com/sanjose/news/2014/02/25/paul-graham-y-combinator-nearly.html?page=all

44   Graham, Paul: Hackers & Painters. Big Ideas from the Computer Age, O'Reilly Media Inc., Sebastopol 2010.

45   Bechtolsheim, Andreas: The Process of Innovation, Stanford University, 12.07.2012, http://engineering. stanford.edu/alumni-profile/ andy-bechtolsheim-engineering-hero-talks-innovation-success-engineering

46   CB Insights Reports: The 2014 European Tech Report, A data-driven review of 2014's financing activity to VC-backed European Tech companies, http://www.cbinsights.com

47   CB Insights Reports: The 50 Biggest Tech Financings of 2014, https://www.cbinsights.com/blog/50-biggest-tech-deals-h1-2014/

48   Vance, Ashlee: Silicon Valley geek. The Inside Guide To Palo Alto, Stanford, Menlo Park, Mountain View, Santa Clara, Sunnyvale, San Jose, San Francisco, The Globe Pequot Press, Guilford 2007.

49   Horowitz, Ben: The Hard Thing About Hard Things. Building a business when there are no easy answers, HarperCollins, New York 2014.

50   CB Insights Reports: The 50 Biggest Tech Financings of 2014, https://www.cbinsights.com/blog/50-biggest-tech-deals-h1-2014/

51   Stone, Brad: Microsoft buys stake in Facebook, The New York Times, 25.10.2007, http://www.nytimes. com/2007/10/25/technology/25facebook.html?_r=0

52   Dörner, Stephan: SAP plant Übernahme von US-Softwarefirma Concur für 8,3 Milliarden Dollar, Wallstreet Journal,19.09.2014, http:// www.wsj.de/nachrichten/SB12595499785223203469604580161780 33 3990928

53   weitere Informationen zu Sharespost unter http://www.sharespost. com

54   Mamudi, Sam: Nasdaq offers an IPO Alternative, Businessweek, 13.02.2014, http://www.businessweek. com/articles/2014-02-13/nasdaq-private-market-offers-ipo-alternative

55   weitere Informationen zu den SEC-Bedingungen für Anleger: http://www.investor.gov/news-alerts/investor-bulletins/investor-bulletin-accredited-investors#.VFX1wecxYoY

56   Weitekamp, Lea: 5 Tipps für AngelList So nehmt ihr Kontakt zu Investoren auf, t3n, 27.09.2014, http:// t3n.de/news/angellist-netzwerk-startups-investoren-5-tipps-568808/

57   Schubarth, Cromwell: Naval Ravikant on future of AngelList, what worries him, Silicon Valley Business Journal, 26.07.2013, http://www. bizjournals.com/sanjose/news/2013/07/23/naval-ravikant-on-howhegrew.html?page=all

58   Halperin, Alex: Silicon Valley's Avenging Angel. How Naval Ravikant went from »radioactive mud« to a startup kingmaker who is disrupting traditional VC funding with his AngelList syndicates, Fast Company, 24.03.2014, http://www.fastcompany.com/3027305/naval-ravikants-angellist

59   Weitekamp, Lea: 5 Tipps für AngelList So nehmt ihr Kontakt zu Investoren auf, t3n, 27.09.2014, http:// t3n.de/news/angellist-netzwerk-startups-investoren-5-tipps-568808/

60   Schubarth, Cromwell: Sam Altman on targeting energy and biotech with his first Y Combinator batch, Silicon Valley Business Journal, 20.08.2014, http://www.bizjournals.com/sanjose/news/2014/08/20/sam-altman-on-targeting-energy-and-biotech-with.html?ana=e_ sjo_tf&s=newsletter&ed=2014-08-20&u=14713630564f7c68ebeeadf61341c2&t=1408600494&page=3

61   Krasny, Jill: Silicon Valleys hottest Matchmaker, Inc., 18.06.2013, http://www.inc.com/jill-krasny/silicon-valley-matchmaker-saeed-amidi.html?utm_source=feedburner

62   Tunguz, Tomasz: The 10 most important Metrics in a Startup's Financial Statements, 12.12.2013, http://tomtunguz.com/ten-financial-metrics/

63   Kupor, Scott: Understanding SaaS Why the Pundits have it wrong, 13.05.2014, http://a16z.com/2014/05/13/understanding-saas-valuation-primer/

64   Dickey, Megan Rose: The Billion-Dollar Startup Club, Wall Street Journal, 21.03.2014, http://graphics.wsj.com/billion-dollar-club/

65   Constine, Josh: WhatsApp's First Half of 2014 Revenue was $15M. Net loss of $232,5M was mostly issuing Stock, TechCrunch, 28.10.2014, http://techcrunch.com/2014/10/28/whatsapp-revenue/

66   Niesen, Max: A Star falls. How Fab.com went from a $1 Billion valuation to a $15 Million fire sale, Quartz, 24.11.2014, http://qz. com/300825/how-fab-com-went-from-a-1-billion-valuation-to-a-15million-fire-sale/

67   Ka-Shing, Li: Im Fokus. Bescheiden, leise, interessiert – und extrem erfolgreich, Industry Journal, Nr. 2, 2014.

68   Goldman, Shai: The $600B Opportunity, 16.10.2014, http://shaigoldman.com/2014/10/16/the-600b-opportunity/

69   Pricewaterhouse Coopers: Global Technology IPO Review, Q3 2014, http://www.pwc.com/globaltechipo

70   Jebens, Harley: Observed Experience Thoughts by Harley Jebens, 19.04.2013, http://observedexperience.tumblr.com/post/48387071002/wired-magazine-turns-20

71   Fast Company: A brief history of our time, 2006, http://www.fastcompany.com/56381/brief-history-our-time

Stichwortverzeichnis

Börse leicht verständlich

Judith Engst | Rolf Morrien

Die Finanzkrise hat dramatische Auswirkungen auf Privatvermögen und Altersvorsorge. Rentenansprüche werden gekürzt. Lebensversicherungen stecken in der Krise. Auch auf den Staat ist schon lange kein Verlass mehr. Daher muss jeder Anleger das Heft selbst in die Hand nehmen und handeln. Aber wie baut man ein Vermögen auf oder erzielt ein dauerhaftes Einkommen aus Zinserträgen? Aktien, Fonds, Anleihen, Zertifikate - es gibt Millionen Wertpapiere und Anlagemöglichkeiten. Dieses Buch beschreibt, wie man ein Depot eröffnet,wie man geeignete Wertpapiere findet, welche Risiken es gibt und was man beim Kauf beachten sollte.

224 Seiten | Hardcover | 19,99 € (D) | ISBN 978-3-89879-630-9

Endlich mit Aktien Geld verdienen

Max Otte

Für viele Deutsche ist es nach wie vor unerklärlich, warum die Banken, die Deutsche Börse und die offizielle Politik den Kleinanleger damals bei der »Volksaktie« so schamlos ins offene Messer laufen ließen. In der Folge ist der Aktienbesitz in Deutschland dramatisch eingebrochen – zu Unrecht, wie Max Otte in diesem Buch deutlich macht. Mit Blick auf die expansive Geldpolitik der EZB, die an ihre Grenzen stößt und Geldvermögen ebenso wie Lebensversicherungen vernichten wird, sind Aktien attraktiver denn je!

Max Otte schildert in diesem Buch nicht nur seine Erfolgsmethode, sondern gibt auch Einblicke in die Strategien von Buffett, Graham und Kostolany.

304 Seiten | Hardcover mit Schutzumschlag | 22,99 € (D) | ISBN 978-3-89879-631-6

Rich Dad Poor Dad

Robert Kiyosaki

Warum bleiben die Reichen reich und die Armen arm? Weil die Reichen ihren Kindern beibringen, wie sie mit Geld umgehen müssen, und die anderen nicht! Die meisten Angestellten verbringen im Laufe ihrer Ausbildung lieber Jahr um Jahr in Schule und Universität, wo sie nichts über Geld lernen, statt selbst erfolgreich zu werden.

Robert T. Kiyosaki hatte in seiner Jugend einen »Rich Dad« und einen »Poor Dad«. Nachdem er die Ratschläge des Ersteren beherzigt hatte, konnte er sich mit 47 zur Ruhe setzen. Er hatte gelernt, Geld für sich arbeiten zu lassen, statt andersherum. In *Rich Dad Poor Dad* teilt er sein Wissen und zeigt, wie jeder erfolgreich sein kann.

240 Seiten I Broschur I 14,99 € (D) I ISBN 978-3-89879-882-2

Cashflow Quadrant: Rich dad poor dad

Robert Kiyosaki

Es ist beinahe paradox: Die intelligentesten Absolventen der Elite-Universitäten wollen heute für Studienabbrecher arbeiten. Also für die, auf die die Gesellschaft immer heruntergeblickt hat. Eigentlich. Denn wer würde über Bill Gates, Richard Branson oder Michael Dell sagen, dass sie Versager sind? Stellt sich nur die Frage, warum diese Menschen soviel Erfolg haben. Robert Kiyosaki zählt inzwischen selbst zu den Reichen. Er hat bereits in seiner Kindheit beschlossen, eines Tages reich zu werden. Er beobachtete diejenigen, die es schon geschafft hatten, verfeinerte ihre Methoden und wandte sie selbst an. Das Ergebnis dieser Recherche ist der »CASHFLOW Quadrant«. Er deckt auf, warum manche Menschen weniger arbeiten, mehr Geld verdienen, weniger Steuern zahlen und sich finanziell sicherer fühlen als andere. Es geht einfach darum, wo und wann man arbeitet. Durch die konsequente Umsetzung des Buchinhalts kann jeder mit einfachen Mitteln das eigene Leben in die Hand nehmen und sich auf den Weg in die finanzielle Freiheit machen.

352 Seiten I Hardcover I 24,99 € (D) I ISBN 978-3-89879-883-9

Rich Dad´s Investmentguide

Robert Kiyosaki

Wie kann ich investieren, wenn ich gar kein Geld übrig habe?
Ist investieren zu riskant? Soll ich Immobilien oder besser
Aktien kaufen? Robert T. Kiyosaki hat nahezu alle Fragen schon
einmal gehört, wenn es darum geht, wie Menschen ihr Geld
am besten investieren sollten. In *Rich Dad's Investmentguide*
hat er erstmals alle Praxis-Tipps zusammengestellt.

In 18 Lektionen gibt Kiyoaski einen Einblick in das Invest-
mentverhalten der Reichen. Er zeigt, welche Fehler es unbe-
dingt zu vermeiden gilt, welche Kennzahlen man benutzen
sollte und wie man Stück für Stück vom Arbeitnehmer zum
Investor wird, der Geld für sich arbeiten lässt. *Rich Dad's Investmentguide* ist nach *Rich Dad Poor Dad* und *Cashflow Quadrant*
der dritte Baustein auf dem Weg zur individuellen finanziellen
Freiheit.

450 Seiten I Hardcover I 29,99 € (D) I ISBN 978-3-89879-903-4